我们一起解决问题

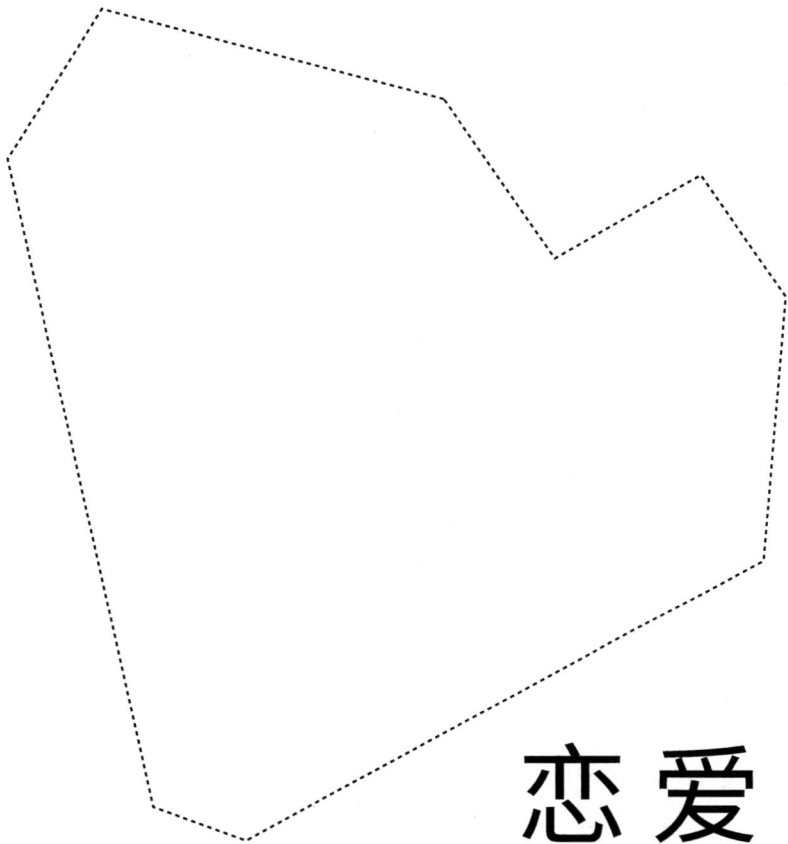

恋爱
心理必修课

段鑫星　李文文　司莹雪 • 著

人民邮电出版社
北京

图书在版编目（CIP）数据

恋爱心理必修课 / 段鑫星，李文文，司莹雪著. --
北京：人民邮电出版社，2019.9
ISBN 978-7-115-51627-5

Ⅰ．①恋… Ⅱ．①段… ②李… ③司… Ⅲ．①恋爱心
理学－青年读物 Ⅳ．①C913.1-49

中国版本图书馆CIP数据核字(2019)第140911号

内 容 提 要

为什么童年经历会影响你对恋爱对象的选择？为什么恋爱中的男女的想法与行为差距这么大？为什么相爱容易相处难？本书回答了人们对世间最美好的感情的诸多疑问。

本书以众多心理学家对爱情的研究与成果为基础，讲解了什么是爱情、爱情是如何产生的、不同年龄阶段的恋爱特点、男女处理感情时的不同心理依据、如何谈好一段恋爱并使其成为一段更长远的亲密关系，以及如何处理已不必挽回的感情等方面的知识。

希望阅读本书后，每一位想拥有高质量的亲密关系的读者，尤其是对爱情懵懵懂懂、莽莽撞撞的年轻人，都可以拿到爱情这门课的学分。

◆ 著　　　　段鑫星　李文文　司莹雪

　　责任编辑　姜　珊
　　责任印制　彭志环

◆ 人民邮电出版社出版发行　　北京市丰台区成寿寺路 11 号
邮编 100164　电子邮件 315@ptpress.com.cn
网址 http://www.ptpress.com.cn
北京九州迅驰传媒文化有限公司印刷

◆ 开本：880×1230　1/32

印张：8　　　　　　　　　2019 年 9 月第 1 版
字数：150 千字　　　　　2025 年 11 月北京第 35 次印刷

定　价：59.00 元

读者服务热线：（010）81055656　印装质量热线：（010）81055316
反盗版热线：（010）81055315

各方推荐与赞誉

徐凯文

北京大学学生心理健康教育
与咨询中心 副教授
临床心理学博士
精神科医师

恋爱中的人，不再理性，如痴如狂；而恋爱时是人一生中最真的时刻，也是探索和理解人以及理解自我的美妙时刻。段鑫星教授从独特的视角"谈情说爱"，从理论到实践，全面阐述了爱的过程。无论你是期盼爱情者，陷入恋情者，还是在品味失恋苦酒的失恋者，都能从《恋爱心理必修课》中获益。让我们一起来学习这一门人生最美妙的课程吧。

雷文涛

有书创始人

　　渴望爱与被爱都是人的基本需求，但获得与经营一段高质量的亲密关系可能并非像做一道数学题一样只要掌握硬技巧就能解答，这更需要人们掌握许多关于心理学的软知识，而这些知识也许会帮你打开一扇新世界的大门，帮你了解自己内心的真正需求、需求背后的原因、亲密伴侣和亲密他人的行为与心理。《恋爱心理必修课》是帮你打开这扇门的钥匙。

杨旭

麦子熟了 COO

　　爱是一个动词。《恋爱心理必修课》帮你更了解恋爱中的你们、我们、他们。

黄伟强

壹心理创始人

　　这不单是一本从心理学角度解读爱情的书，它同时也是一本实操指南，帮你剖析"爱情"的真实面目，教导你如何实践和应用，以便你构筑健康的、最适合自己的恋爱形式，同时让你在爱中找到属于自己的智慧。

费俊峰

江苏省心理学会大学生心理
专业委员会主任委员
南京大学心理健康教育与研
究中心主任

不要移开你的视线，走近这本书，打开这本书，你就会懂得爱。

徐川

《百家讲坛》特别节目主讲人
南京航空航天大学马克思主
义学院党总支书记

相逢总是这样，不是恨晚，就是恨早。《恋爱心理必修课》，来得正好。愿你与最好的自己在书中相遇，愿你与最好的另一半在尘世间相逢，在如水的流年里淡定从容，执子之手，与子偕老。

马逍遥

90 后作家
畅销书《残唐五代尽英雄》
作者

《恋爱心理必修课》是一本送给有恋爱需求的年轻人的幸福指南，从该书中能找到你的迷茫与需要，比如如何应对嫉妒心理、如何面对恋人的谎言等，这本书都能为你提供具体的分析与实用的技巧。相信这本书能帮你求得爱情的上上签。

刘萍

《婚姻与家庭》杂志总编

爱自己与爱他人，是我们生活在这世间每天都要面对的两个课题。有些人认为这两个课题无法兼容，在爱中不断牺牲自我以换取他人的爱；有些人的爱却十分自私，把爱人变为仆从。这都不会让人得到一段圆满的关系，也可以说这些人并不懂得什么是爱自己、什么是爱他人。《恋爱心理必修课》就是在教导我们如何理清亲密关系中的自我与他人，帮助我们发展出一段更适合自己、让彼此都能更好的关系。

胡慎之心理

现代人很矛盾，既相信爱情又不太敢投入，但爱情这个话题，对大部分人来说，仍有很强的吸引力。很多时候，寻觅与经营一段关系并非是"船到桥头自然直"，而是需要我们去经营。《恋爱心理必修课》最大的优点就是告诉我们，爱其实是一种可以学习的能力。当我们拥有了爱的能力，我们会因此收获更多。

读 了段鑫星教授的《恋爱心理必修课》书稿，作为她的博士生导师，我甚感欣慰。她从事大学生心理健康教育工作 20 多年，笔耕不辍，精益求精，屡有新作面世。阅读全书，深感此书贴近当代青年的恋爱心理与生活，能够为年轻人的健康成长提供有益的指导。

作为一名心理学工作者，我深知心理健康教育对青年的成长和成才的重要意义。特别是"00后"一代，当他们踏入大学校园或社会时，就开启了人生的新阶段。他们必须面对新生活，适应新的社会环境，迎接新挑战；他们的自主性、独立性和自我身份感将接受挑战。因此，掌握一些调节和控制情绪以及应对心理冲突和心理压力的方法，就变得非常重要。实践证明，年轻人完全可以通过相关心理学知识的自主学习，产生感悟体会，解决成长过程中的新问题，应对未来发展的需要。

段鑫星教授长期从事大学生心理健康教学与年轻人的恋爱困惑的咨询工作，具有扎实的心理学理论功底、学术研究背景和相关的工作经验。这本《恋爱心理必修课》，正是来自她长期的教学与咨询工作的知识提炼与个人感悟，涵盖了诸多恋爱心理的相关理论和应对恋爱问题的方法，相信读者通过阅读与学习本书，会有所收获。

本书着眼于当代青年在恋爱过程中所遇到的心理问题，把理论与真实的案例密切结合，既能让读者学习到系统的恋爱心理学知识，又能启发读者的思考和感悟，促进他们的自我成长，对于指导当代青年树立正确的爱情价值观具有很大的启示作用。

本书在观念、理论和实践等方面具有以下特点。

观念新。作者从培养恋爱观入手，构建恋爱心理理念，内容新、框架科学、文字顺畅，在很多方面都有独到的见解，令人耳目一新，是一本特色鲜明的恋爱心理健康引导书。

理论全。本书不同于恋爱心理理论研究类书籍，而是在借鉴国内外大量亲密关系、爱情心理学、发展心理学等相关理论研究成果的基础上，注重浓缩理论精华，旨在从理论中归纳出鲜明的方法，为读者提供指导。

实践性突出。因为每个人的情感经历不同，主观感悟各异，所以恋爱心理有个性化与独特性的特点。作者针对每一种恋爱心理问题都提出了非常适用的解决方法，通过大量案例进行分析，注重启发式教学和互动式感悟，启发读者有所思、有所悟、有所得、有所行，具有较强的可操作性。

相信本书能成为广大青年心理健康成长的良师益友，成为青年工作者学习、了解恋爱心理的参考书。

陈会昌

北京师范大学教授

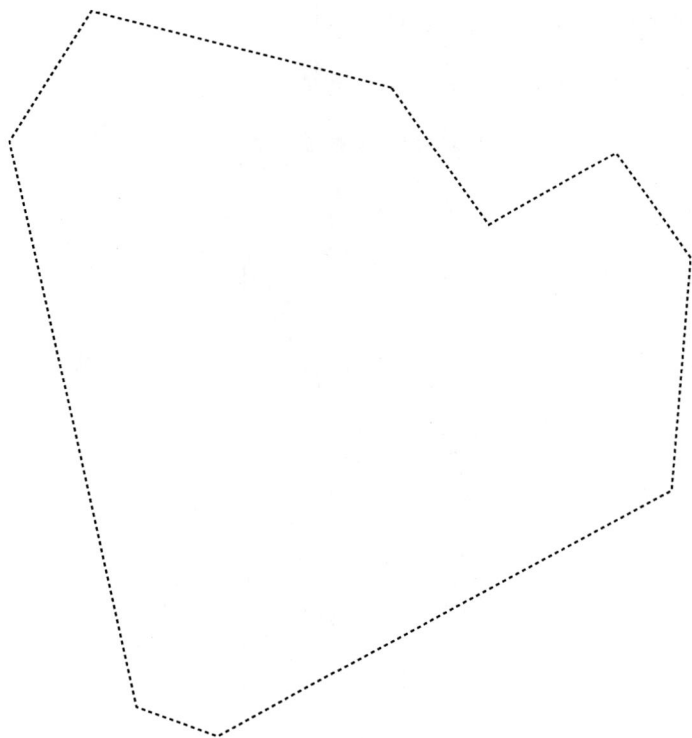

推荐序 2
恋爱是一种挑战

欣闻段鑫星教授所著的《恋爱心理必修课》一书即将出版，我十分高兴。段鑫星教授从事大学生心理健康教育教学和咨询工作近 30 年，拥有扎实的理论基础和丰富的教学经验，并且多年来一直坚守在当代青年尤其是大学生的心理健康教育的前沿阵地，为青年的健康成长保驾护航，这份初心和热忱令人敬佩。

爱情是人类情感中最美妙的一种体验，对爱情的探索和追寻是人类历史进程中亘古不变的话题。从古至今，数不胜数的诗人、作家热情讴歌和赞颂爱情，演绎出无数动人的故事，总结出诸多爱情真谛。然而，当面对"问世间情为何物"这个问题时，却很少有人能够准确地回答。爱情为什么常伴泪水？爱情为何让人欢喜让人忧？又为何有人会因爱生恨？

"相爱没有那么容易，才会让人特别着迷。"从心理学的角度研究爱情、阐释爱情，就能为解答上述问题提供一种可靠的思路。在过去30年间，心理学研究已从单纯地关注认知、思维、决策等理性过程扩展到对人类情感、情绪、关系等感性问题的探索。由于恋爱中的人们倾向于依据自己的体验及感受来判断和评价，这无疑增加了恋爱心理研究的难度。近年来，对恋爱心理的研究仍然是心理学中相对新颖的课题，特别是针对青年群体的恋爱心理研究，这对于青年的身心健康成长具有重要意义。

恋爱并非到了恋爱的年龄才需要了解，独特的亲密关系是早年依恋关系的延续，我们可以从人在儿童时期如何与重要他人建立安全、亲密的人际关系中发现端倪。以亲密关系为依托的恋爱关系的确立，满足了人们对归属和关爱的基本需求，这些需求意味着对彼此的强烈的感情依恋与依赖，有利于人们形成持久的社会支持网络。这在我们的生命中占据极为关键的位置，也是人生旅程中最重要的资源之一。爱情会催人奋进，也会使人陷入负面情绪。对大多数人而言，经营爱情比选择恋人更重要，学会包容比争论对错更重要。恋爱的过程注定有蓝天白云，也会突然出现暴风骤雨。因此，学会恋爱、好好恋爱，不断总结、不断接纳、不断包容，才能收获一份美满的幸福。

段鑫星教授编写的这本《恋爱心理必修课》，恰恰是以传授恋爱知识、提升恋爱本领，帮助读者树立正确的爱情观、婚姻观、价值观为主旨。本书结合了国内外关于恋爱心理学的研究进展和青年心理健康教育的理论与实践，并且追踪与讨论了年轻人关心的恋爱话题。

本书参考资料翔实、全面、丰富，逻辑思路完整清晰，内容新颖，语言生动活泼，文字温馨柔美，既能让读者学习到系统、完整的恋爱心理学理论知识，又实现了理论性、指导性、实用性和可读性的结合，在提升内容的可读性和趣味性的基础上，对于激发读者的阅读兴趣和积极性，提升学习体验，培养恋爱心理品质，增强应对恋爱过程中出现的心理问题和情感危机的能力，促使读者自我关注和提升，走出爱情误区，摆脱爱情烦恼等，具有积极的意义和实践参考价值。

恋爱心理的研究不同于其他科学研究。恋爱是人生的必修课，人们不能缺席，更不能找他人代替，这就意味着相关理论研究不能代替个人体悟，某些恋爱技能并不适用于所有个体。特别是伴随互联网的迅速发展，恋爱的个性化和特殊化更加明显，复杂性更加突出。我们能做的就是紧跟时代的发展脉络，进一步挖掘国内外恋爱心理学的最新研究成果，针对读者特别是年轻人的心理健康状况和成长的特征，为其理解爱情、学会恋爱提供崭新的视角和见解，为新时代、新形势下的青年心理健康教育提供更具针对性的指导。

　　路漫漫其修远兮！作为一名心理健康教育领域的学者，我本人愿意与段鑫星及诸位有志于学术研究的同人共勉。

　　是为序。

桑志芹

南京大学社会学院心理学系教授

前　言

与恋爱心理学结缘，始于 20 世纪 90 年代，从那时起，我在全国高校开展了"爱与成长""恋爱这件小事""开心谈恋爱，理性说分手"等主题的讲座，并相继出版了《爱是青春的舞蹈》《告别蓝调布鲁斯》等一系列关于青春与爱情的图书。近 30 年对于恋爱心理学的研究积累，让我萌发了开讲"恋爱心理学"并以此引导更多有恋爱困惑的年轻人的想法。2015 年，学校慕课建设为我提供了这样一个契机，而我也带领团队积极投入到"恋爱心理学"慕课课程的建设中。随着越来越多的学生的关注，2018 年夏天，这门课程频繁登上微博热搜，并被新华网、人民网、央视网等 30 余家媒体报道。这让我认识到，恋爱心理虽然是一个老生常谈的话题，但却随着时间的前进而变得越发富有新意，对每个年龄阶段都具有相应的指导意义。因此，我带领团队将现有的课程资料进行了更新与整理，撰写了《恋爱心理必修课》一书，为那些渴望通过爱情理论探讨爱情本质的读者提供参考，为正在恋爱或即将恋爱的男女带来一些指导。

爱情往往是个人成长历程中最精彩的情节、最动人的部分。从古至今，人们从未停止过对爱情这一话题的讨论。人们热恋时追求"身无彩凤双飞翼，心有灵犀一点通"；陷入单相思时渴望"愿得一人心，白首不分离"；异地恋时则互相宽慰"两情若是久长时，又岂在朝朝暮暮"；渴望爱情开花结果时则期盼"执子之手，与子偕老"。一千对情人眼中有一千种爱情的模样，就像一块橡皮泥，可以有无数种不同的变化和形状，让人难以捉摸、难以理解。

恋爱是一门以情感为核心的复杂学问，一门高深的生命科学。爱使人美丽，也让人迷失；爱使人成长，也让人受伤。把握爱情的航行方向，驶达幸福的花开彼岸，并不是一件容易的事。由于恋爱的过程受到诸多内外部因素的影响，这就增加了恋爱的复杂性和不可控性。当然，人类对恋爱的美好期待和追求，永远是人类发展历史中最绚丽的色彩。

恋爱是人生的必修课，并且补课成本昂贵，不及格者必受伤害。基于此，本书尝试将恋爱中的诸多困惑和问题进行梳理和解答，从心理学的角度探究恋爱表象的种种根源，解密男女之间奇妙的恋爱关系及复杂有趣的心理活动，以期为广大正在热恋中或即将体会恋爱滋味甚至遭受失恋之苦的朋友提供指导和帮助，教你科学谈恋爱、走心谈恋爱，让你的恋爱之路更加顺畅，最后交上一份满意的成长答卷。

通过本书你可以了解：

1. 为什么你一直没有找到理想的伴侣？

2. 为什么你不会恋爱？

3. 为什么你总是失恋？

4. 男生与女生的恋爱价值观有什么不同？

5. 失恋后如何走出低谷？

通过学习本书，你将收获如下的理论知识和心得体会：

爱情的真正含义；系统的恋爱心理学理论知识；稳固爱情的心理规律；男女相爱的心理奥秘；求爱及择偶心理；初恋心理；爱情挫折心理及爱情发展之心理特点，等等。

其实，恋爱带给我们的不仅仅是这些，在恋爱中我们会学会宽恕，学会包容，学会坚强，学会执着，学会理解，学会与异性交流，学会处理矛盾，学会与世界相处，进而树立正确的爱情观、婚姻观、价值观和人生观。

本书从理论与实践两个层面探讨了恋爱心理。全书共分为七个部分，包括引言、恋爱有"理"、不同年龄阶段的爱情、男女大不同、好的亲密关系需要好的管理、爱到尽头、那些我们在爱情中学到的。

本书的编写特点兼具实用性和简易性，内容涵盖了恋爱的各个环节。区别于以往注重理论阐述的心理学书籍，本书各章均引入了现实案例或爱情故事，提供了很多适用的方法。各章节的内容关注恋爱中的细节问题，如如何寻找恋人、如何维系关系、如何应对失恋的困扰等，真正体现了实用性和适用性。简易就是易于学习和理解，在保证概念清晰、原理简明、阐述清楚的基础上，书中涵盖了诸多情感经历、经验教训，也有作者个人的独家感悟和恋爱心得，而且力求保证内容简洁、表述精练和语言文字温暖、贴心、柔美，从而方便读者阅读和学习。

在编写本书过程中，我们参阅了国内外大量关于恋爱心理学、社会心理学、发展心理学的理论和研究成果，力求汲取各领域精华、贯穿前沿思想，希望能够帮助读者深刻而清晰地认识、理解自身面对的情感问题。同时也祝愿每一个阅读本书的人都能学会做爱情的主人，在自己的恋爱世界里不再迷惘彷徨，收获甜美幸福。

本书由我和李文文主笔，同时，我的硕士研究生王雅楠、刘怡与马逍遥三位同学也参与了本书稿件的整理工作，感谢他们的辛勤付出。特别感谢我敬重的导师、著名心理学家、北京师范大学教授陈会昌与著名心理学家、南京大学教授桑志芹一直的支持并为本书作序。感谢为此书付出心力的人民邮电出版社编辑姜珊老师，她敬业、严谨、执着、细致的态度是本书能够顺利完成的一个重要保障。

最后，我与广大读者分享这样几句话：爱需要品味，爱需要思考，爱更需要智慧。因为爱情所以懂得，因为懂得所以珍惜。期待所有读者都能从书中学有所思、学有所悟，也热忱期待读者提出宝贵意见。

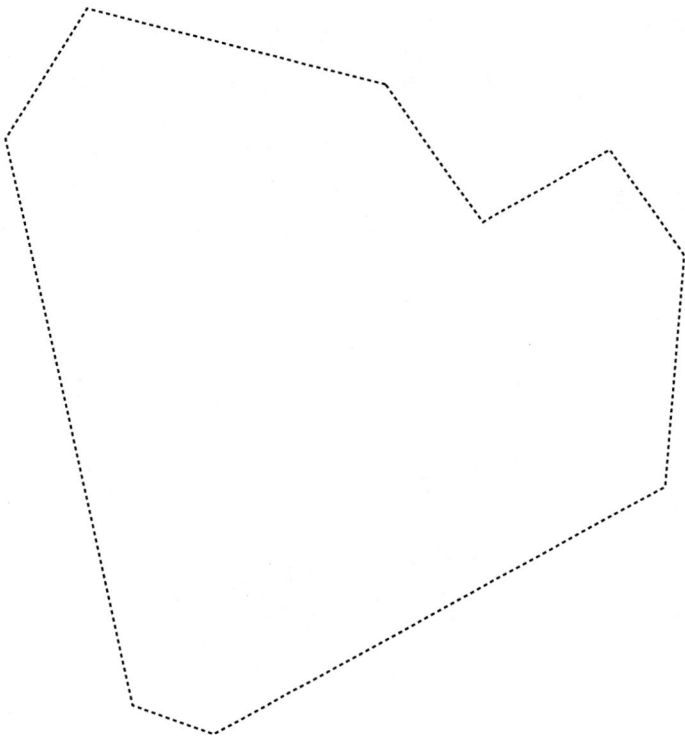

目　录

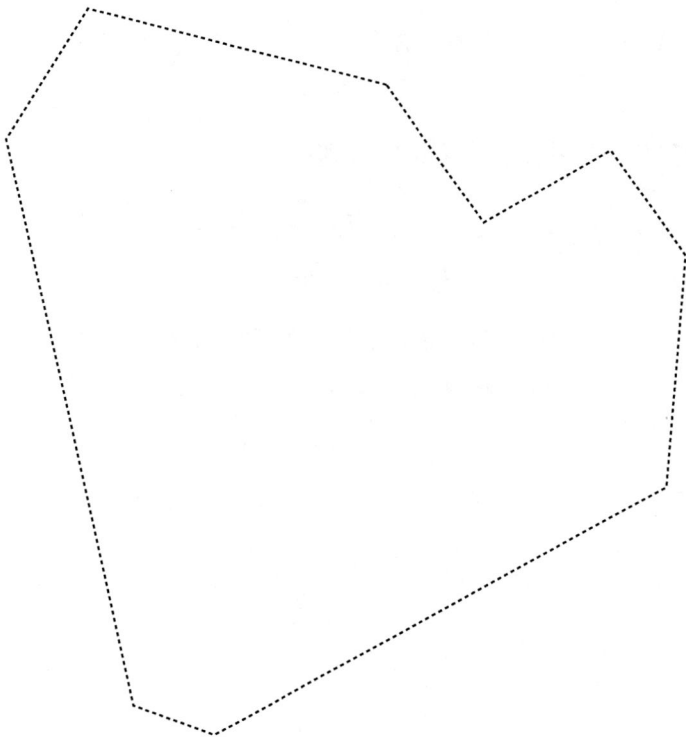

在正式开始学习用本书的内容指导自己的爱情生活之前，我们需要对"爱情"的含义进行重点理解，对此我们可以从爱情的概念、产生以及本质着手。

爱情的概念

本书的主题是"爱情心理学"，其核心是"爱情"，这是一个我们经常会说到的词，那么爱情是什么？是丘比特之箭？是流行感冒？是加了蜜的黄连？是肾上腺素分泌？是寻找丢失的另一半？是少年时那未了的情结？还是潜意识的作用？

《神雕侠侣》中李莫愁在中了情花毒后说："问世间情为何

物，直叫人生死相许……"

《泰坦尼克号》中男主角对女主角承诺："You jump，I jump!"（可以直译为："你跳，我也跳！"也可以意译为："生死与共 / 生死相随！"）

对于这些经典的爱情故事，我们并不陌生，这是生死相依、充满激情的爱情。

早上醒来一起刷牙洗脸，一起吃饭看电视，没事的时候两个人你刷微博他打游戏，周末一起去超市逛逛，这种生活可能平淡无味，但这其实也是爱情，这种类型的爱情更是人生的常态。

美国著名心理学家艾瑞克·弗洛姆（Erich Fromm）在他的名著《爱的艺术》（*The Art of Loving*）一书中将人类的爱情分成五种，包括兄弟之爱、父母之爱、异性之爱、自我之爱和神明之爱。而人们通常所讲到的"爱情"仅仅指异性之爱。权威社会心理学家齐克·鲁宾（Zick Rubin）认为，爱情是一个人对另一个人的某种特殊的想法和态度，它是亲密关系的最深层次，不仅包含着审美、激情等心理因素，还包括生理唤起与共同生活愿望等复杂的因素。爱情是存在于人类两性之间的一种崇高的情感，"是人类男女间基于生命繁衍的本能和确保身心最大快慰而产生的互相倾心和追求的生理与社会的综合现象"。

爱情主要涉及生物因素、精神因素和社会因素三个方面。生物因素是指爱情产生于男女两性之间，异性相吸的生物本能使人产生性欲，从而具有与之相结合的强烈愿望；精神因素主要是指爱情是一种高尚的情操，健康的爱情会愉悦身心，使人产生美好的心理体验；社会因素是指爱情是社会现象，一方面受社会道德、法律规范制约，另一方面还涉及养儿育女的社会功能。

爱情的产生

爱情不同于友情，它是男女双方产生生理和心理需求之后，对异性表达爱慕、钦佩、珍惜、依恋等心理情绪的过程。这是一种神秘且高尚的感情，那么，爱情是如何产生的呢？

本书认为爱情的产生不是简单的、一时的冲动，而是在生理、心理等多种基础都具备的情况下，慢慢孕育而生的。爱情之所以特别，主要体现在它仅仅产生于个体之间，是这种特殊人际关系的心理互动的结果。爱情的产生需要具备生理基础、精神基础以及道德基础。

1. 爱情的生理基础

爱情的出现与人的身体发育程度有直接关系，它通常会发生在生理成熟的成年人身上。对于为什么成年男女之间会产生异性吸引的现象，现在已有相对完善的科学解释。人的性别是与生俱来的，是男人还是女人，在卵子受精的时候就已经决定了。胎儿在母亲子宫内就形成了生殖器官，这种生殖器官的构造被称为第一性征。到了青春期，男女的性腺功能开始明显化，性激素分泌旺盛，生殖器官发育基本成熟。在这期间，男女在身体形态上也发生着很大的变化，在第一性征影响下出现于青春期的身体形态及生理变化特征，被称为第二性征。

随着男女第一性征和第二性征的发育成熟，性激素水平的快速升高，他们的内心开始萌发性的意识和强烈的对于异性的好奇和向往，开始产生对异性的有意识的关注、追求的欲望和亲密的感觉。通常人们所说的"情窦初开"，正是这些表现的代名词。在这个时期，男女性生理的成熟，促进了性心理的形成，性生理的发育是性心理发展的生物学基础。如果没有性作为基础，爱情是不可能产生的，更不可能持续发展。

2. 爱情的精神基础

只有性本能的生理基础还不足以产生爱情，爱情的产生还要有双方的心理基础。柏拉图是古希腊伟大的哲学家，也是最早从哲学的角度分析爱情的哲学家。他曾在一篇名为《会饮篇》（*The Symposium*）的作品中指出，爱情具有两个基础：一个是性欲，即身体方面的欲望；另一个是精神，即心理方面的需求。他认为，精神在爱情中的地位是崇高的，对爱情的追求应当从身体上的爱上升到精神上的爱。爱情包括性欲，但不只性欲，精神性的东西才是爱情的精华所在。

　　那么，爱情的精神基础又是什么呢？对于这个问题，答案是多样的。其中一种观点认为，男女双方的审美情感引发了爱情。生理需要固然可以使异性之间相互亲密，但并不是只要异性相遇，就会产生爱情。只有在一方觉得另一方有魅力，产生一种特殊美感的时候，爱慕之心才能油然而生。这时，基于生理层面的性亲近，便上升到了心理层面的性吸引。对于这种男女关系的质的变化，苏格拉底有一个解释，将其称为"在美中孕育"。他认为，性本能是自然之道，是为了繁殖后代，但谁也不能随便找个人就结婚，而是要找一个看得顺眼的、觉得美的人，爱情应具有美感。

　　虽然审美情感的作用可以使人们欣赏的异性的范围大大缩小，但事实上这也不能使所有感觉美好的男女都成为恋人。人们还必须基于爱情的最高层次——道德情感——做进一步的甄别和选择，挑选出真正情投意合的对象。

3. 爱情的道德基础

　　在异性之间出现审美情感之后，如果再进一步向前发展，双方就会产生道德情感，进而萌生出真正的爱情。这里的道德情感，不是我们通常所说的"道德品质"（是好人还是坏人），而是指两个人在心灵上的认同和默契。到了这个阶段，由于男女双方具有相对一致的人生观和价值观，他们在心灵层面上的沟通就会很顺畅，彼此相知相爱，成为两心契合的情侣。

在生活中，我们经常可以看到这样的现象，青年男女之间产生了好感和倾慕，愿意彼此接近与相处，在外人看来也很般配，似乎爱情已经降临在他们的身上了。但随着两个人的交往，对彼此了解的深入，他们对另一方的感觉发生了变化，甚至感到失望。他们可能曾经热烈地"相爱"了一场，希望能成为心心相印的爱侣，但因为他们之间缺乏共同的人生态度和价值取向，在许多重要的事情上存在很大的分歧，感觉不到心灵的相通，最终两个人还是以分手告终。志不同道就不合，缺乏道德情感基础的两个人，在爱情的道路上携手走下去的可能性很低。因此，要想在生活中找到真心相爱的伴侣，使爱情的花朵在春天开得鲜艳美丽，并且在秋天结出丰硕的果实，建立美满幸福的家庭，相恋的男女就不但要在彼此那里获得审美情感，产生两情相悦的心理感觉，更重要的是要了解彼此的人生观和价值观，找到能够支撑和坚固爱情的基石。

了解了爱情的产生，我们再探讨一下爱情的本质。

爱情的本质

爱情的本质，是人的社会属性与人的自然属性相结合的异性间的崇高感情。如果说好感不同于爱情就在于它还缺乏对爱情的社会性认识，那么友谊区别于爱情之处就在于人与人之间缺乏生物性的吸引。爱情通常是由四个要素构成的：

一是性欲，这是爱情的生理基础和自然前提；

二是情感，这是爱情的核心，表现为灵与肉融为一体的强烈感情；

三是理想，这是爱情的社会基础，也是爱情的理性向导；

四是义务，这是爱情的社会要求，表现为自觉的道德责任感。

上述四要素相互联系，缺一不可，否则就是残缺的或被扭曲的爱情。

除此之外，爱情应具有平等性、专一性、依存性、自主性等特征。

1. 平等性

爱情作为人的生理和心理需求的高度统一，体现在两个人之间要相互尊重、相互信任、相互关心，这是平等的关系，而不是依附的、占有的关系。这种平等的关系表现在，男女双方可以相互追求、相互爱慕，这样爱情才能产生和发展。有的人会说我才不管你爱不爱我，反正我爱你就行了。这样的爱情就违背了平等的原则。男女双方首先要尊重彼此自愿选择的权利，一方强制另一方或勉强凑合都不是爱情。每个人都有爱和被爱的权利，所以死缠烂打地追求不是爱情。再者，单相思也不是爱情。道理很明显，爱情就像乘法，一个人付出全部，另一个人一点也不付出，

那么结果就是 $1 \times 0 = 0$，如果每个人只付出 0.5，那么结果就是 $0.5 \times 0.5 = 0.25$。所以爱情要双方共同努力，双方付出的越多，爱情才能越稳定越美好。

2. 专一性

之前有朋友跟我说，她有个女同事，虽然正在与别人谈恋爱，但是仍与其他追求者单独约会，来者不拒。这就违背了爱情的第二个特征——专一性。恩格斯指出，爱情按其本性来说是排他的。爱情一经产生，就具有这一特征。爱情的专一性、排他性说明对待爱情应该是严肃、慎重的态度。一个人如果同时爱上两个或更多的异性，那不可能是健康的、真正的爱情。

3. 依存性

谈过恋爱的男女都会体会到，恋爱的时候，如果另一半不在身边，总让人感到思念或有所缺失，这就是爱情的依存性。恋爱的双方在感情上相互眷恋，在行动上相互支撑，在生活上相互关心。有的人在恋爱中毫不考虑对方的感受，只在乎自己的感受，这也违背了爱情相互依存的属性，是一种自私的爱情。

4. 自主性

有的人认为谈恋爱必须要经过父母的同意，而有的父母也会说，我的孩子谈恋爱必须经过我的同意。尽管父母有相对丰富的人生经验，他们可以给我们一些建议，但是爱情最终的决定权还是在我们自己的手里。

在基本了解了"爱情是什么"之后，我们就开始具体学习这门复杂的学问。

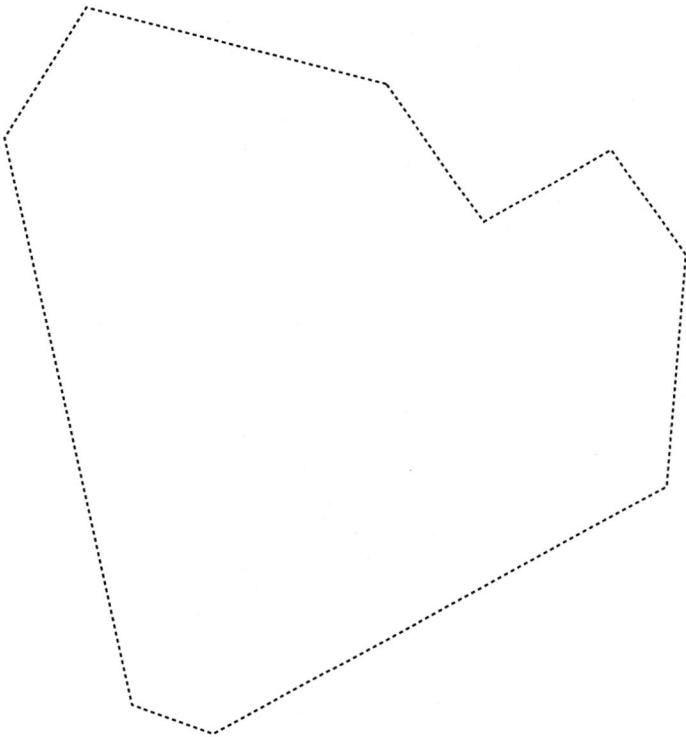

第一部分

恋爱有"理"

爱情说起来很没有道理，你会突然对某个人心动，然后毫无缘由地爱上他／她。

或许你是被他／她的外表惊艳，

或许你是被他／她的才华征服，

又或许你仅仅是被那双爱笑的眼睛所感染。

永远不要叫醒恋爱中的人，恋爱就是这样毫无道理。

自此浮生三千，吾爱有三，日月与卿，日为朝，月为暮，卿为朝朝暮暮。

然而，恋爱中好像又包含着一些有据可循的道理，恋爱的发展似乎有特定的踪迹可循。

这些爱情理论靠谱吗？它们对现实有何帮助？对我们的恋爱是否有指导作用呢？

这一章我们就来探讨一下，那些恋爱中的"道理"。

第 1 章

艾斯沃斯：你的恋爱中藏着你的童年依恋

周国平在《爱与孤独》中有这样一句话："生命纯属偶然，所以每个生命都要依恋另一个生命，相依为命，结伴而行。"

小时候喜欢一个人，是像喜欢草莓、巧克力、气球一样的喜欢。

长大后喜欢一个人，是朦胧的心动与依恋，就像是万千灯光，而你在光的中央。

后来，喜欢一个人，是细水长流，如果人生是永远前往下一站的列车，希望每一站都有人陪在你身旁。

童年的依恋或许就这样不动声色地隐藏在你长大后的恋爱中。这一节我们主要分享玛丽·艾斯沃斯（Mary Ainsworth）的依恋理论。

依恋理论的由来

提出阶段

约翰·鲍尔比（John Bowlby）先提出了依恋理论的概念。他将"依恋"定义为"个体与具有特殊意义的他人形成的牢固的情感纽带的倾向，能为个体提供安全和安慰"，用来解释婴儿与其养护者之间的情感联系。鲍尔比的研究是从母婴分离会对婴幼儿的心理产生影响开始的，阐述母婴分离对于孩子人格和心理各方面的重要影响。

迈克尔·拉特（Mihcael Rutter）是此阶段的第二位代表人物，他于1972年对鲍尔比的母爱剥夺理论进行了澄清。他指出，人们过于狭隘地理解了鲍尔比的母爱剥夺，母爱剥夺并非单纯地指分离的经历。拉特认为，鲍尔比的母爱剥夺，实际包含两个方面：缺乏（即在父母关系中缺乏活力成分）和剥夺（它是由分离经历造成的）。拉特的阐述使人们对鲍尔比的理论有了更好的理解。

发展阶段

美国著名的心理学家玛丽·艾斯沃斯是发展阶段的代表人物。她在 1989 年获美国心理学会颁发的杰出科学贡献奖，她对心理学的最重要的贡献是早期情感依恋方面的研究。艾斯沃斯认为，依恋关系中个体间的重要差异在于依恋的安全性或不安全性。于是，她与同事设计了陌生情境实验，该实验主要研究儿童分离焦虑和陌生焦虑，是评定一岁婴儿对其母亲的依恋的安全性的经典实验。在陌生情境实验中，艾斯沃斯得出结论：在陌生情境中，婴儿的依恋关系分为三类。这三类分别是：安全型（secure）、回避型（insecure-avoidant）及矛盾型（insecure-ambivalent）。

再发展阶段

这一阶段的代表人物主要为辛迪·哈赞（Cindy Hazan）和菲利普·谢弗（Philip Shaver），他们发表了一篇题为《浪漫的爱可以看作依恋过程》的论文，这标志着依恋理论从儿童研究领域，拓展到了成人领域。哈赞和谢弗开发了一种自评工具，目的是用来区分情侣关系中的依恋类型。他们要求被试阅读下面三段内容，并指出哪段内容最准确地描述了他们在亲密关系中的所思、所感和所为。

A：与伴侣亲密令我感到有些不舒服；我发现自己

难以完全信任他／她、难以让自己依赖他／她。当伴侣
与我太亲密时，我会感到紧张与不舒服。

B：我发现与伴侣亲密并不难，并能安心地依赖于
伴侣，也让伴侣依赖我。我不担心被伴侣抛弃，也不担
心伴侣与我关系太亲密。

C：我发现伴侣不乐意像我希望的那样与我亲密。
我经常担心自己的伴侣并不是真爱我或并不想与我在一
起。我想与伴侣非常亲密，而这有时会吓跑对方。

根据这种分类测量的结果，他们得出结论，成人依恋类型主
要可以分为三类：

A 属于回避型，这一类人在人群中约占 20%；

B 属于安全型，这一类人在人群中约占 60%；

C 属于矛盾型，这一类人在人群中约占 20%。

深入发展阶段

这一阶段的相关理论主要有两个。

其一是依恋传递。父母对自身早期依恋经验的表征会影响他
们对孩子的抚育方式及敏感性，从而影响孩子的依恋安全性，于
是这促进了心理学家对依恋代际传递性的研究。虽然关于依恋是
否存在代际传递性这一问题，尚没有明确的结论，但是父母对自
身早期依恋经验的表征在孩子成长过程中的作用，已经开始受到

研究者们的日益重视。

其二是多重依恋。近几年来,西方的一些研究人员对鲍尔比的这一理论提出了质疑,进而提出了多重依恋关系的假设。认为儿童可以与不同环境中扮演不同角色的成人建立不同的依恋关系。由于各种依恋关系所产生的环境不同,它们之间也就存在不一致性。越来越多的研究发现多重依恋关系的存在,但到目前为止,研究结果尚不足以支持这一理论假定。

儿童依恋与成人依恋的关系

哈赞和谢弗发现,成人的依恋分布情况与婴儿类似。

1. 成人依恋类型与婴儿依恋类型的比例分配非常匹配。这个研究也支持了弗洛伊德的观点:"一个儿童如何认知、如何面对世界以及一些在成人看来微不足道的小事,将深刻地影响儿童的发展及其在以后可能形成精神病的症状。"

2. 儿童与成人的依恋类型具有共同特点。其一是两者都会在养护者/伴侣在身边及能够回应自己时,感到安全;其二是两者都有亲密而私人性质的身体接触;其三,当不能亲近养护者/伴侣时都会感到不安全;其四,都会与养护者/伴侣分享自己的发现;其五,都会爱抚养护者/伴侣的面部,并且都显示出相互间的迷恋和专注;其六,都会进行"身体交谈"。

恋爱风向标

（1）心理学家艾斯沃斯的依恋类型理论，把人的"感情模式"分为三种：回避型依恋人格、安全型依恋人格以及矛盾型依恋人格。

（2）回避型依恋人格的个体无法和恋人建立起正常的依恋关系，与恋人亲密令其感到有些不舒服；安全型依恋人格的个体既能依恋恋人，又能信任恋人；矛盾型依恋人格的个体经常担心自己的伴侣并不是真爱自己或不想与自己在一起，在恋爱中容易与恋人发生争执。

（3）如果你是回避型的情感模式，我们建议你要努力试着去信赖他人；如果你是矛盾型的情感模式，学着收敛自己的控制欲，给彼此独立的空间。

（4）安全型依恋人格是最健康的情感模式，在恋爱中，想要改变对方是非常困难的，不如先试着培养自己成为安全型的依恋人格。

第 2 章

斯腾伯格：爱情包括亲密、激情、承诺三种元素

在众多关于爱情要素的研究中，最重要的理论成果出自美国耶鲁大学的心理学家罗伯特·斯腾伯格（Robert Sternberg），他是这个新兴研究领域里的先锋人物。1986 年，斯腾伯格教授提出了著名的"爱情三元论"。他认为，虽然人类的爱情复杂多变，但基本上包含三个主要成分，即激情、亲密和承诺。斯腾伯格对每一个成分都给出了清楚的诠释，并且用三角形来表示爱情的结构。

三角形的三条边代表爱情的三个成分，三者合为一体便组成了圆满的爱情。这一三角形模式是迄今为止最卓越的爱情理论之一，它可以很好地描述和解释人世间纷繁变化的爱情形态（如图1-1所示）。

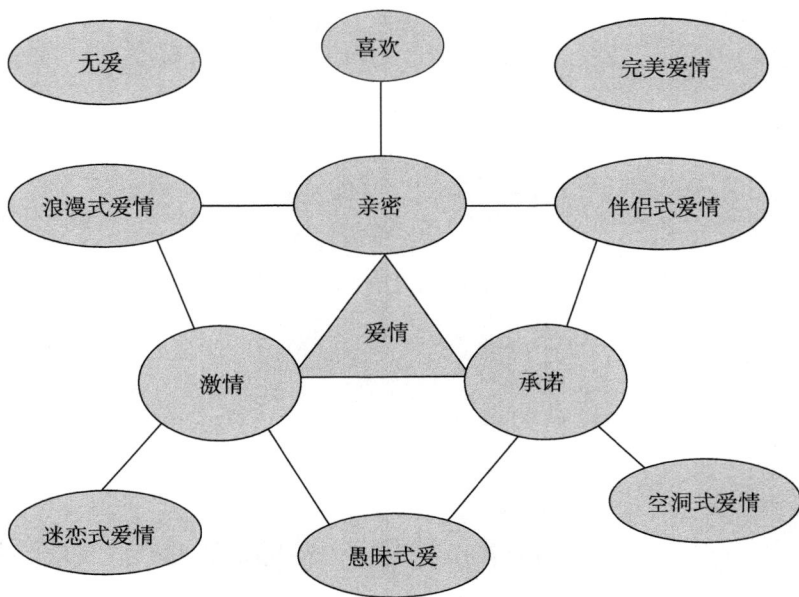

图1-1　爱情三元论

爱情三元论——激情、亲密、承诺

激情

"激情"（passion）是一种把恋人们推向浪漫的沁人心扉的情

感，它来自人的激素，以生理冲动和肉体的强烈欲望为特征。激情被唤起常常是由于人对性的渴望，当然也包括想从对方那里得到其他强烈的心理需要的满足，或者想对恋人表达热烈的情绪和情感。激情是人的生理层面的反应，在爱情中发挥着动力作用，属于动机部分。

在许多情况下，受到激情促动的恋人会表现出较强的占有欲，甚至可能会发展到近乎自私的沉迷状态。正如我们经常看到的那样，在恋爱初期，情侣之间会过度地占有对方，甚至达到无法忍受彼此分离的地步。在这个阶段，任何其他关系对于双方来说都不重要。斯腾伯格解释说，恋人之间一定会先经历不断增强的外表的吸引，但是，这一段时间过后，如果发展得很好，他们的激情与欣喜就会转化为成熟的爱情。在进入亲密关系之前，单纯的激情常常体现为以自我为中心。

亲密

"亲密"（intimacy）主要包括热情、理解、交流、诚实、支持和分享等心理现象，是爱情的情感部分。在亲密感的作用下，两个人便成为"最好的朋友"和"心灵的伴侣"，相互之间愿意分享内心的秘密，深深地渴望彼此的亲近。而这种亲密的关系又能给恋爱的男女带来巨大的力量和安慰，使他们对爱情产生更大的信念和动力，去培育更加绚烂的爱情花朵。一颗真心期盼着交换另一颗真心，亲密关系可以促成这个重要交换的实现。反之，如果两个人之间没有亲密的关系，爱情之花就会凋谢甚至枯竭。爱情中的满足感与亲密感有着最直接的关系，缺乏亲密关系是恋爱与婚姻的第一号杀手。在没有亲密感的情况下，即便双方产生了激情，或是已经生活在了一起，也不能相互深入了解，不能真正地融合在一起，使人仍然会感到孤单和寂寞。

承诺

"承诺"（commitment）是爱情的认知部分，包括两层含义：一是做出将自己投身于一份情感（去爱一个人）的决定；二是努力地爱护和维系这份情感。如果相恋的双方彼此有了承诺，就会担当起爱情的责任和义务，直面无法看见的未来，坚定不移地去爱对方，直到生命的结束。做一个形象的比喻，承诺就像湍急江水中的一座小岛，不管出现什么样的水势，爱情或婚姻遇到何种困难和考验，都有一个安全避险的港湾。无数的成功实例向我们证明，长久的爱情和健康的婚姻，都是建立在相互承诺之上的。对待爱情，持有承诺的人一定会这样说："我因你是谁而爱你，不因你的行为和我的感觉而爱你。"但如果没有承诺和责任，爱情就会脆弱无力，不堪重负，在受到击打的时候全面崩溃，昔日的亲密和激情也会荡然无存。

爱情的七种类型

爱情三元论的三种成分——激情、亲密、承诺组合在一起，构成了爱情的七种类型。

喜欢式爱情（liking）

两个人之间只有亲密。两个人在一起感觉很舒服，但是缺少激情，也不一定愿意厮守终生。没有激情和承诺，如友谊。显然，友谊并不是爱情，喜欢并不等于爱情。不过友谊还是有可能发展成爱情的，尽管有人因为恋爱不成连友谊都丢了。

迷恋式爱情（infatuated love）

两个人之间只有激情体验，认为彼此有强烈的吸引力，除此之外，对彼此了解不多，也没有想过将来。只有激情，没有亲密和承诺，如初恋。第一次的恋爱总是充满了激情，却少了成熟与稳重，是一种受到本能牵引和导向的青涩爱情，如一见钟情。

空洞式爱情（empty love）

两个人之间只有承诺。缺乏亲密和激情，如纯粹地为了结婚的爱情。此类"爱情"看上去丰满，却缺少必要的内容，金玉其外，败絮其中，如形婚、搭伙过日子。

浪漫式爱情（romantic love）

两个人之间有亲密关系和激情体验，没有承诺。这种"爱情"崇尚过程，不在乎结果。这其实是一种及时行乐的爱情观，恋人间十分重视现在的感觉，但是未来呢?

伴侣式爱情（companionate love）

两个人之间有亲密关系和承诺，缺乏激情。跟空洞式"爱情"差不多，没有激情的爱情还能叫爱情吗？这里指的是平淡如水的婚姻，只有权利、义务却没有激情。这类感情可能会遭遇七年之痒，伴侣常常会有"牵你的手，就像我的左手拉右手"这样平淡的感觉吧。

愚蠢式爱情（fatuous love）

两个人之间只有激情和承诺，没有亲密关系。没有亲密的激情只是生理上的冲动，而没有亲密的承诺不过是空头支票。当激情控制了大脑时，人们可能会出现不经思考的冲动行为。一见钟情的闪婚，应该就是这个类型吧。

完美爱情（consummate love）

同时具备三要素，包含激情、承诺和亲密。只有在这一类型中，我们才能看到爱情的庐山真面目。

在斯腾伯格看来，前面列举的六种都只是类爱情或非爱情，本质上都不是爱情，只有第七种才是爱情，而我们在现实生活中碰到的类爱情和非爱情的情形实在是太多了，以致把同时具备三要素的爱情当作一种超现实的理想状态。

无爱（nonlove）

三个因素都不具备。激情、亲密和承诺共同构成了爱情，缺少其中任何一个要素都不能称其为爱情，正如三点确立一个平面，缺少任何一个点，这个唯一的平面就不存在。

爱情是人类的永恒话题，而真正能够收获完美爱情的人，又有几人？正因为对美好事物的不停追求，我们才有机会获得那珍贵的礼物。核对一下你自己的状态，你的爱情属于哪一种呢？

恋爱风向标

（1）耶鲁大学教授罗伯特·斯腾伯格所提出的爱情三元论，给出了一个有关爱情的公式：完美爱情 = 亲密 + 激情 + 承诺。

（2）激情多伴有强烈的生理和心理反应，相对其他两种元素最不稳定；亲密居中；而承诺则是偏理性的决策，最为稳定。三种元素各不相同，它们的不同组合也衍生出不同的爱情，分别是喜欢式爱情、迷恋式爱情、空洞式爱情、浪漫式爱情、伴侣式爱情、愚蠢式爱情、完美爱情以及无爱。

（3）你可以和恋人一起绘制出理想的爱情三角雷达图，放在一起进行比较。两个三角形越重合，说明你们的感情越融洽；而当双方的三角形偏离得比较大，就需要看看双方在哪些问题上产生了分歧。找到彼此的差异，并进行沟通与调整。

第 3 章

弗洛姆：爱是给予、关心、责任心、尊重和了解

艾瑞克·弗洛姆的爱情理论主要集中在《爱的艺术》这本著作中，他曾说过："爱是对人类生存问题唯一健全和令人满意的回答。"

弗洛姆和他的爱情故事

艾瑞克·弗洛姆，出生于 1900 年，美籍德国犹太人，是知名的国际人本主义哲学家和精神分析心理学家。弗洛姆毕生旨在

修改弗洛伊德的精神分析学说，被尊为"精神分析社会学"的奠基人之一。弗洛姆的作品多涉及社会政治、基础哲学和心理学，代表作有《逃避自由》(*Escape from Freedom*)、《为自己的人》(*Man for Himself*)、《爱的艺术》等。其中，《爱的艺术》一书被后人称作"爱的圣经"。

弗洛姆的感情生活是波折而丰富的，他曾经历过三次婚姻，有过一位未共同经历婚姻的亲密恋人。弗洛姆与第一任妻子的缘分来自精神分析，尽管这场婚姻只持续了短短五年，但离婚后两人仍是好友，一起研究精神分析。在精神分析方面，弗洛姆的首任妻子是他的老师。

弗洛姆的第二段婚姻持续了八年，第三次婚姻持续了四年，这些经历对他的那本畅销书《爱的艺术》都有着重要的影响。甚至有人说："正是爱的滋养，才有了《爱的艺术》的问世。"

弗洛姆生命中的另一个重要的女人是卡伦·霍妮(Karen Horney)，霍妮自20世纪30年代初就和弗洛姆相识，两个人有过一段亲密关系，并且霍妮与弗洛姆的亲密关系似乎不仅限于朋友。但是，1943年他们的关系破裂。

霍妮的传记作者曾写道："霍妮再也没有发现像弗洛姆这样的爱人，也再没有让自己像对弗洛姆失望那样失望过。"这些经历也深刻地影响了弗洛姆关于爱情的思想。

爱的五要素

费洛姆认为，爱的核心要素是**给予**，其他要素包括**关心**、**责任心**、**尊重**及**了解**。

为什么**给予**是爱的核心要素呢？真正的爱，其动机是付出和分享的欲望，而非满足自我需求或者弥补自我不足的欲望。那么对于爱情而言，恋人们要给予什么呢？"给予"并不是说为对方牺牲自己，而是奉献出自己内心最富生命活力的东西。在爱情中，我们可以给予对方快乐、兴趣、理解力、知识和幽默。通过"给"，丰富了对方；通过提高自己的生命感也可以丰富对方的生命感。观察现实生活中的爱情，我们不难发现，凡是长久的爱情，双方都可以从这份感情中获得自我成长，进而达到共同成长。

关心是什么，弗洛姆认为爱情中的关心是指：对我们所爱的人的积极主动的关注，这种关注是积极的而非消极的，是主动的而非被动的。在弗洛姆看来，如果缺乏关心，爱就只是一种情绪，而不是我们所说的爱情。同时，关心也包含着爱的另一个基本要素——责任心。

责任心是指个体对另一个生命个体表达出来或尚未表达出来的愿望的回复。有责任心意味着有能力并准备对这些愿望给予回答。

如果没有爱的第三个基本要素——**尊重**，责任心就容易堕落为控制和占有。尊重不是剥夺对方，而是要努力地使对方能够成长和发展自己。尊重是指，希望一个被我爱的人以他自己的方式和为了自己去成长、发展，而不是服务于我。通过咨询中的很多案例我们发现：有一些男生会限制与约束女生的发展，这种爱已经变为控制。因此，我们可以这么说：没有关心与尊重，就没有爱，没有给予就没有爱。

了解在爱的要素中也是至关重要的。对一个人而言，没有了解就不可能有尊重，没有了解的引导，爱情中的关心和责任心就是盲目的。了解是指：人要深入事物的内部，深刻地认识他人，站在对方的角度理解他人。

成熟的爱

弗洛姆的《爱的艺术》一书中有一句经典名言：

"我需要你，因为我爱你；我被人爱，因为我爱人。"

这句话告诉我们，爱是前提，因为我爱你，所以我愿意给予你，我愿意关心你，我愿意尊重你，我愿意更多地了解你，我愿意为爱付出。这被弗洛姆称之为"成熟的爱"或者"满足的爱"。那么成熟的爱应该是什么样子呢？

弗洛姆认为成熟的爱是主动关心。爱情是对生命以及我们所爱之人／物的积极关心，缺乏这种关心的爱只是一种情绪而不是爱情。你爱你为之努力的一切，同样你也为你所爱的而努力。成熟的爱源自内心，是从内心自觉生长的，而不是被俘虏的情绪，成熟的爱情首先是"给予"，而不是"索取"。

在弗洛姆看来，与成熟的爱相对的是不成熟的爱，也被称为匮乏的爱。"我爱你，因为我被人爱。我爱你，因为我需要你。"这种爱以自我为前提，更多地强调自身的获取与所得。

因此，成熟的爱包含爱的五要素：给予、关心、责任心、尊重与了解；而不成熟的爱是索取、对恋人漠不关心、不承担责任、对自己爱的对象不了解。在日常生活中，不成熟的爱并不罕见，如"犯公主病"的女性以及"巨婴"男性都会在恋爱时有不成熟的表现。

发展爱的能力，并不是非要具体到对某一异性的爱，而可以是更广泛意义上的爱。我们的亲人、同学、朋友，都值得我们去热爱。发展爱的能力，就是要培养无私的品格和给予的精神，要培养善于处理矛盾的能力，有效地化解与消除爱情中的矛盾纠纷，为恋人负责，才能创造出美满幸福的爱情。

恋爱风向标

（1）爱的核心要素是给予，其他要素包括关心、责任心、尊重及了解，恋爱中的男女需要努力做到这几点。

（2）天真的、孩童式的爱情遵循下列原则："我爱，因为我被人爱。"成熟的爱的原则是："我被人爱，因为我爱人。"不成熟的、幼稚的爱是："我爱你，因为我需要你。"而成熟的爱是："我需要你，因为我爱你。"

第 4 章

约翰·李：爱情有六种形态

加拿大多伦多大学的社会学家约翰·艾伦·李（John Alan Lee）于 1973 年提出了另一种区分不同爱情的方法，他将男女之间的爱情分为六种形态：情欲之爱、游戏之爱、友谊之爱、依附之爱、利他之爱、现实之爱。这六种爱情类型在情侣体验的深度、对恋人的投入和承诺、恋人的特点，以及对付出爱的回报的期望等方面有着明显的不同。

约翰·李的爱情彩虹图

情欲之爱

情欲之爱被李称为"性爱"（eros），陷入其中的人对彼此有着强烈的身体吸引欲望，这是一种极其注重感官享受的爱情风格。向往这种爱的人把婚姻看作蜜月的延伸，并且把性看作最大的美感体验。具有很强情欲的人会受到他人外表和相貌的极大影响和冲击，追求肉体和心灵的融合，他们通常凭直觉选择恋人。同时，这种爱还具有浪漫的爱情特征，情侣往往会将爱情理想化，十分注重两性交往的外在形式。我们在生活中常常见到的两个人"一见钟情"，一般都属于这种爱情。他们在其他爱情风格的人眼里可能是不切实际的，或是陷入了幻想当中。

情欲之爱的优点是它的情意绵绵，恋人在这个过程中是非常放松的。它的缺点是吸引力必然衰退，并且人们生活在幻想的世界中是可怕的。在极端情况下，情欲之爱近乎幼稚。

游戏之爱

第二种爱情是游戏之爱（ludus），在一些所谓的"恋人"之间不乏这种爱情的存在。这类人对待两性感情的态度非常轻率，对于恋人根本没有承诺。他们在恋爱过程中只满足自己的欲望和需要，对于对方没有责任感和道德感，更没有要与恋人发展深厚爱情并且最终建立家庭的愿望。他们大多把婚姻看作一种束缚，容易对伴侣不忠，只追求让自己内心满足和情绪愉悦的过程，却不想有所承诺。游戏于爱情之中的人，还非常善变，经常会同时拥有几个伴侣（或者试着这样做），把性爱看作一种征服或消遣。他们之所以会投身于一段又一段的异性交往中，是因为他们把这当成了一种挑战。可见，这种人不但缺乏最起码的责任感，而且丧失了做人的基本道德。

友谊之爱

与游戏之爱截然相反，倾向于友谊之爱（storge）的人看轻强烈的情欲，而努力地寻求两个人之间的真正感情。这种爱情是由纯洁的友谊逐渐演变而成的，从深厚的感情中孕育出彼此长久的承诺。这类人一般会与和自己类似的人做朋友，往往意识不到友谊何时变成了爱情。他们希望最重要的另一半是自己最好的朋友，双方看重的是心灵的契合和共同的成长。在彼此承诺的爱情之中，关爱多于激情，信任多于嫉妒，情侣之间存在着一种看似平淡但却深厚的牢固爱情。

依附之爱

在这类爱情中，恋人最突出的表现是对两个人的关系抱有非常高的期望，在感情方面对彼此有很多的要求，具有很强的占有欲，也有强烈的排他感。处于依附之爱（mania）中的人，往往沉迷于两个人的恋情，对所爱对象有着非常浓厚的情感，与此同时，也希望对方以同样的方式做出回应。这类人往往自尊程度较低，常常感到强烈的焦虑、嫉妒。由于感情的热烈和执着，狂热的恋人经常会向对方提出强制性的要求，表现出占有行为。如果对方稍有忽略，就会心生猜疑，产生不安全感，所以我们也可以把依附之爱称为"占有之爱"。

利他之爱

倾向于利他之爱（agape）的恋人们具有自我牺牲精神，对所爱之人有着莫大的包容心，用强大的精神力量支撑着爱情，愿意为爱情奉献自己。他们对伴侣非常忠诚，总是避免给对方造成不适或痛苦，如果分手，他们还会耐心地等待对方回心转意。所以，有这种爱情观的人会心甘情愿地付出无条件的爱，但往往会忽视或压抑自己的心理需求。无私之爱具有优劣两重性：优点是它的宽宏大量，对爱情的勇敢与担当；缺点是这种爱容易引起对方的内疚心理，感到自己能力不足或付出不够。生活中具有无私之爱的人并不少见，这类人对自己的爱情忠贞不渝，愿意为此献出一生。

现实之爱

持有现实之爱（pragma）这种爱情观的人，会非常理性和实际地分析自己对于恋爱对象的期望，在若干个可考虑的人选中进行比较，找到每个人的价值，从中挑选出令自己满意的恋人，建立共同的爱情目标。在寻找与自己相匹配的对象时，这类人非常"务实"，以避免一些负面的结果或个人利益的损失。他们会慎重掂量在恋爱关系中自己的付出与回报，不会很随意地陷入恋爱之中。然而，他们在非常现实和理智地对待爱情的同时，却缺少了情感的积蓄和表达，会不带激情地去寻找逻辑上与自己最为匹配的伴侣。

以上这六种形式的爱情并不互相排斥，例如，任何一种爱情都会有一定程度的占有成分。只不过，在一定时期或者某种情境下，人们的爱情可能会以某种形式为主。

高晓松在《奇葩说》上谈了他对感情的理解。

> 什么是好的感情，我总跟我的朋友讲，我说爱情这个东西是可遇不可求的，而婚姻这个东西也许是我们人生中不可或缺的一部分。因为人这一辈子真的太孤单，我的灵魂也没有强大到可以一个人独当一面。所以我需要有一个人，陪我一起面对。所以我把婚姻称之为"陪伴"。

> 而爱情，我想是在和一个人格在一起。那是人生的一部分，而不是整个人生。人间不值得，片刻皆须臾。这一生，我只想知道，我是谁。我想过什么样的人生，这比什么都重要。

> 我希望我能够尽量真实地面对自己，我可以对全世界不真诚，但希望面对你，我始终如此真实。所以，请接受我的开心、愤怒、嫉妒、委屈、幸福的样子。因为

如果有一天我不再对你真实，那也许，我们是该说再见了。

不论你的爱情是何种形态，不论你和你的他/她现在正甜蜜或冷战，理性地看待你们的爱情，珍惜当下，无愧于心，不悔于将来。

恋爱风向标

（1）约翰·李将男女之间的爱情分为六种形态：情欲之爱、游戏之爱、友谊之爱、依附之爱、利他之爱、现实之爱。

（2）在当今人们对于家庭的物质生活有更高要求的情形下，现实之爱成为一种比较普遍的爱情形态。在寻找恋爱对象的时候，人们往往以一些客观条件作为衡量对方的标准，如学历、职业、收入和家庭背景等。但是，需要注意的是，在爱情中，感情的融合和心理的匹配也不可忽视。

（3）无论你正在经历哪一种爱情形态，都要深刻理解和认识爱情，以更为理性的态度看待多变的恋爱行为。

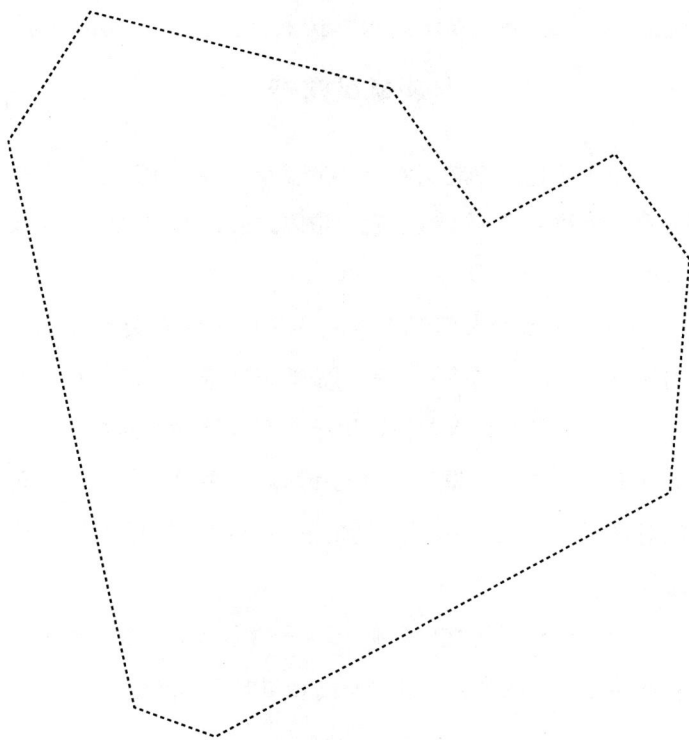

第二部分

不同年龄阶段的爱情

我们经常会在网上看到这样的报道：白发苍苍的两个老人牵手过马路、得了阿尔茨海默病的老爷爷忘记了所有人却始终记得自己的老伴。"老来多健忘，唯不忘相思"是爱情展现在世人眼前最赤裸的样子。

我们的每个年龄阶段都会遇上不一样的事情，爱情也是一样，每个时期都会有每个时期最美的样子。

青年时期的爱情，是撒娇、吵闹和任性；

中年时期的爱情，是沉稳、理解、包容、温馨；

老年时期的爱情虽没有轰轰烈烈，但却更加简单、平淡和岁月静好。

不同的年龄会有不同的生理与心理特征，这对我们的爱情也有着极大的影响，本章将探讨不同年龄阶段的爱情。

第 5 章

青年：爱得深，爱得早，不如爱得刚刚好

前几年，综艺节目《亲爱的客栈》捧红了阚清子和纪凌尘这对情侣，他们曾有一个约定，在阚清子 30 岁生日的时候，纪凌尘会向她求婚。但是 2018 年 4 月，喜欢这个节目的观众们等来的不是他们结婚的喜报，而是他们分手的消息。记得纪凌尘在《亲爱的客栈》中面对他人的催婚时，这个 25 岁的大男孩在酒后哭得稀里哗啦："我还要养父母，我觉得我还不够成熟。"的确，经历过和阚清子的分手，再次出现在公众视野中的纪凌尘的

确变得成熟不少。

可能，这就是青年时期的爱情吧。我们不再是少年时无忧无虑、敢爱敢恨的自己，开始面对家庭与社会的责任，我们不再是只为了自己的快乐而生活着。女孩子撒娇、任性，男孩子不懂得如何才是真正爱一个人，所以两个人总是争吵、冷战，但之后又拥抱取暖。

调查显示，现在的年轻人成家、立业和经济独立这三项要比上一代人晚很多，他们常常在做最后决定之前犹豫不决，纪凌尘和阚清子就是很好的例子。事实上，向成年过渡的阶段已被拖慢，我们可以将 18 岁到 25 岁这段时间称为成人初显期。在这一时期，很多人已经结束了自己的少年时代但是仍不能承担成年人的责任。但是，他们对不同想法加以探索的欲望比十几岁时强烈得多。

生理及心理特征

青年处于成长的转型时期，在生理及心理上，有着与其他年龄不同的特点。这一时期的生理特点主要是人们会随年龄的增长而发生很大的变化并逐步趋于稳定，概括起来主要有以下几个方面。

1. 生理特征

（1）体格的迅速发育

人一生中有两次发育高峰，青年期正处于第二次高峰，这一时期比较突出的表现是体重和身高的增加。

（2）内脏机能的迅速增加

这主要表现为肺活量增加，胃容量增大，心脏容量和动脉血管口径的比例加大。

（3）神经系统趋于健全

这一阶段的人的脑神经纤维的长度和厚度均在增加。据有关测验表明，女青年在 20 岁左右时、男青年在 20 岁至 24 岁时，脑容量最重。在这一时期，性机能也更加成熟。

2. 心理特征

在生理迅速发展的基础上，青年的心理发展却明显地表现出与生理发展不同步，即心理发展滞后于生理发展，处于走向成熟但又不完全成熟的阶段。

（1）思维达到了较成熟的程度

青年的思维从经验型转向理论型，独立性和批判性增强了，也有了一定的创造性。

（2）智能发育也趋于成熟

在青年阶段，由于知识的丰富、经验的积累，人们不再满足于现象的罗列，开始主动地探究事物的本质和规律。一方面，他们独立思考的能力和理论思维的能力在迅速提升；另一方面，他们常常主观、片面、脱离客观实际。

（3）自我意识逐步增强

在这个阶段，青年脱离父母的监护，生活空间扩大，独立感、成年感增强，开始重新审视、评估自己，并且关注他人对自己的态度和评价。一方面，他们的自我评价和自我期望进入了一个新的阶段；另一方面，他们又容易出现自我扩张、自我中心等自我认识的偏颇。

（4）情感与情绪日益丰富，但是又不稳定

随着生活日益精彩，青年的情感日益丰富而强烈。一方面，他们对学习、对工作、对友谊、对爱情以及对周围事物都充满积极的情感；另一方面，他们又容易走向极端，出现各种不良或消极情绪。

（5）对于新的事物更加容易接受

青年会对生活中出现的新事物、新观点、新理论表现出浓厚的兴趣，容易受其影响。一方面，他们喜欢求新、求异、求变；另一方面，他们又容易真伪不辨、是非不清，产生偏激行为。另外，他们意志的目的性和持久性也有所增强。

（6）性意识觉醒，感情欲望增强

随着性生理的发育成熟，青年的性意识会进一步得到发展。性意识开始觉醒，感情欲望逐渐增强。许多青年一方面开始注重自我形象、关注异性、渴望与异性交往并希望获得爱情；另一方面，他们又容易处事失当，能力较为欠缺。

青年人的爱情心理

心理学家爱利克·埃里克森（Erik Erikson）认为青年具有"亲密对孤独"的心理冲突，而这种冲突在青年的思想和情感上的反映就是要永远地投身于一个亲密伴侣。

1. 恋人的选择

青年在选择恋人时通常会选择与自己在各方面都比较相似的，如态度、人格、教育经历、智力甚至身高等。当然也有人会选择与自己各方面互补的异性，例如，一方擅长交往，另一方则矜持拘谨；一方充满好奇，而另一方却墨守成规。如果这些差异性能够满足双方的爱好和目标，那么这些差异就能被彼此相容。但是选择互补这种类型的人很少，更多的研究表明，彼此之间越相似，人们对彼此的关系就越满意，两个人长久在一起的可能性也就越大。

青年们更看中哪些特征呢？就目前的趋势而言，女生更看重男生的智力、志向、经济地位和品德，而男生则更注重女生的身体吸引力和家庭管理能力。此外，女生更喜欢选择比自己年龄稍大或同龄人，男生则喜欢年龄较小的女生。

2. 爱情的要素

根据罗伯特·斯腾伯格的爱情三元论，爱情具有亲密、激情和承诺三个要素，随着恋爱关系的发展，三个要素的侧重有所不同。其中亲密是情感要素，包括温情、亲切的交流，渴望让对方感到幸福并渴望对方给予回报。激情是性行为和爱恋的欲望，是生理-心理唤醒要素。承诺是认知要素，它帮助两个人确定他们是否相爱，是否能维持这种爱。

当青年处于恋爱的初期阶段时，激情的爱占主要位置。激情与性都对他们有着较大的吸引力。随着年龄的增长以及承担责任的增多，青年的爱情逐渐变得稳重起来，在恋爱中，从激情的爱过渡到陪伴的爱，双方更重视彼此之间的温情、信任与相互照顾。而在步入婚姻后，随着相互交流的时间减少，共同的休闲活动让位给了大量的日常琐事，双方"热恋"的感觉会逐渐减少。此时，承诺则是双方爱情能否继续的一个重要因素。在这一阶段，信守承诺的伴侣能够拥有高品质和更持久的爱情。

性心理

青年属于刚刚步入成年的一代，正处于人生转折时期和性发展的高峰期，性心理既不同于少年，也不同于中年，他们的性心理复杂、微妙。

1. 社会性

青年对性的认识不再是一种本能的了解，而是开始增加一定的社会内容。正如某个青年说过："中学时，我认为性就是男女性别，男女结合在一起生养孩子。现在看来，不仅如此，它还包含着爱、尊重、奉献、责任、道德、法律等内容，社会越发展，性文明的程度就越高。"

2. 强烈性

青年的精力充沛、思想活跃，他们不仅追求事业的辉煌，也追求爱情的甜美，他们强烈渴望得到异性的关爱，一直在努力寻求感情的寄托。尤其是处于青年早期阶段的个体，往往对性抱有一种憧憬的态度，并且为此茶饭不思、夜不能寐。为了获得异性的爱，其中一方往往会采取轰轰烈烈的行动直至获得成功或惨遭失败。

3. 动荡性

青年很有理智且道德观念比较强时，冲动一般可以被抑制。但同时，他们思想开放、感情强烈，性心理会大幅度地升降起伏。这是性本能与性道德冲撞、理智与非理智冲撞造成的结果。

4. 焦虑性

青年对性方面出现的问题常感到苦恼、焦虑。为找不到合适的异性伙伴焦虑，为身体、长相不够完美或有缺陷焦虑；为自己的心理、行为是否符合性角色，能否激起异性感情，引起异性的爱慕焦虑；为异性的身心条件是否符合自己的标准，令自己动心、满意焦虑等。

恋爱特点

1. 浪漫性

恋爱本应以婚姻为目的，但由于青年的爱情是在特殊的生活背景和文化环境中萌芽的，所以其恋爱生活很少与婚姻相联系，而成了青年们生活本身的一种需要。许多年轻人在恋爱过程中更多的是看重对方的外貌、能力、兴趣和感情，谈论的话题大多是人生、社会、学习、娱乐等，注重花前月下、诗情画意，追求丰富多彩的精神生活，却很少谈及家庭、经济等现实问题，从而使得他们的恋爱富有浓郁的浪漫气息。

2. 冲动性

青年在择偶的冲动性表现出以下四个特点：第一，他们对自己的感情缺乏审慎的思考，一有好感就采取行动，会凭一时冲动做出草率的决定；第二，感情升温快，恋爱就像冲击心岸的海浪，一旦出现，便久久不能平复，一浪高过一浪，从相识到热恋，很难找到一个明显的分界线；第三，过渡期很短，很快便达到了热恋的阶段，于是约会相当频繁，甚至形影不离；第四，情感的强度大，不易控制，对亲吻、拥抱等亲密行为要求迫切。

3. 轻率性

一部分年轻人恋爱有轻率性的特点，一方面，这表现为仓促上阵，仅仅是在好奇心、神秘感、性冲动或从众心理的支配下，甚至他人的起哄下与异性恋爱。由于恋爱开始时就缺乏慎重的考虑，把爱情大厦建筑在沙滩上，所以，这种爱情往往像美丽的沙雕，经不起风吹雨打，常常会因为挫折而出现危机。另一方面，此时恋爱的动机可能是为了填补一时的空虚与寂寞。不仅择偶时缺乏审慎的考虑，而且在恋爱中也很难承担起应有的责任。故常发生恋爱冲突，对恋爱者的学习生活和身心健康都会造成不利的影响。

4. 自主性

由于脱离了家庭生活，青年人自主、自立的意识明显增强，因而在恋爱上大多自己做主，自由选择。和谁恋爱，怎样恋爱，没有统一的模式，不受条条框框的限制。由于恋爱自由度很大、自主性很强，但同时自己又缺乏经验，因而青年人恋爱时常挫折不断。

恋爱风向标

（1）青年的恋爱具有浪漫性、冲动性、轻率性和自主性的特点。此时，爱情是撒娇的、任性的、吵闹的，是你不迁就我、我不迁就你的爱情。

（2）心理学家埃里克森认为青年具有"亲密对孤独"的心理冲突，而这种冲突在年轻人思想和情感上的反映就是要永远地投身于一个亲密伴侣。

第 6 章

中年："恩爱夫妻最重要的不是幸福，而是稳定的关系"

谈到中年时的爱情，大家一般都会觉得是温馨的，因为爱情可能已经转变成了亲情。中年人对于爱情的看法不同于青年时期，没有了对那种朦胧心动的感觉的要求。中年人的感情少了一份激情，多了一份牵挂；少了一份浪漫，多了一份责任；少了一份幻想，多了一份柴、米、油、盐的琐碎，他们的爱是把对方融入自己的血液中、骨髓里，你中有我，我中有你。同时，他们也要经受"中年危机"的考验，"七年之痒""爱情厌倦"可能也会汹涌而来。

生理走向衰退

中年既是青年的延续，又是迈向老年的过渡时期，身体的各个部分逐渐发生退行性变化，内脏器官的功能开始减弱。尤其是被称为身体之砖的细胞开始分裂、再生减少，功能开始衰退。据科学家估称，30 岁以后身体功能每年大约丧失 0.8%。因此，中年人会出现许多新的生理特点。

1. 身体外表的变化

30 岁以后基础代谢率平均每年下降 0.5%，进食量往往较高，质量也比较好，容易造成脂肪堆积而发胖，体重增加；头发逐渐变白并变得稀疏，面部、颈部、手臂等处的皮肤也逐渐粗糙。

2. 大脑和内脏器官也逐步走向退化

中年人的神经、精神活动比较稳定，但由于通过大脑的血流量减少，用来合成脑蛋白质的核糖核酸在神经组织中的含量基本处于停滞状态，使神经传导速度减慢，机械记忆力下降，反应变慢。对于消化器官，胃肠黏膜变薄，肌纤维弹性减弱，胃酸及消化酶分泌减少，消化功能降低。大肠感觉迟钝，肠蠕动减弱。在心肺功能方面，中年后心脏自律性逐渐降低，心输出血液量从 30 岁到 80 岁，50 年间约减少 30%。

3. 性的变化

进入中年的夫妻，在身体、生活方式和性欲等方面都将发生改变。这种变化是逐步的、隐蔽的。男性 35 岁以后性欲开始下降，对性的兴趣、要求和频度均明显减退。同时由于工作劳累，全身血流缓慢，肌肉张力减退，给夫妻性爱造成了一定的障碍。而女性与男性正相反，女性通常先处于朦胧阶段，然后成熟，变得更为主动，之后绝经，对性生活的兴趣大为降低。

4. 特殊的阶段——更年期

更年期指个体在从中年向老年过渡的过程中，生理变化和心理状态明显改变的时期。更年期是人生进入衰老过程的起点，是第二个青春期。妇女更年期在 45 岁至 55 岁，一般延续 8 年至 12 年。在这一阶段，女性的第二性特征逐渐退化，生殖器官慢慢萎缩，与雌性激素代谢有关的组织渐渐退化，会出现植物性神经系统紊乱的一些症状，往往表现为"妇女更年期综合征"。男性更年期是性器官开始萎缩，性功能由旺盛到衰减的变化时期。在这一阶段，中年男性常表现出精神状态和情绪的变化，伴有植物神经性循环机能障碍，容易疲劳，性功能降低。

心理不断成熟

1. 内省日趋明显

按照荣格的理论，从青年期到老年期，人格由年轻的外倾变得越来越内倾，即人不再像年轻时那样容易冲动、敢想敢干，而是把关注的焦点投向内心世界。性格特征的基本定型是中年人心理成熟的一大表现，此时的人们吸取了以往成功与失败的经验教训，保持着个人精神状态的平衡，以适应社会和环境的需要。

2. 心理防御机制日趋成熟

越来越多的中年人在面临挫折或冲突时，更多地采用幽默、升华、利他主义等成熟的心理防御机制，而很少采取否认、歪曲、退行等消极的防御机制。情绪趋于稳定，有能力延缓对刺激的反应，能在大多数场合下按照客观情境控制和调节自己的情绪。

3. 为人处世日趋圆通

中年人认识和处理问题不像年轻时那样死板，而是更加灵活。处世待人的社会行为趋于干练、豁达。能适应环境和把握环境，能接受批评和不同意见，并且按正确意见调整自己的行为。

4. 智力的持续提升

中年人的单项心理能力，虽也是处于逐渐下降的过程中，但其全部心理活动能力的总和仍然在继续发展和成熟。主要表现在能独立进行观察和思考，具备独立解决问题的能力，情绪趋于稳定，自我意识明确，精力充沛，情感丰富，思维敏捷，判断力准确，智能高涨，注意力集中，能适应和把握环境等方面。

5. 意志坚强

中年人的自我意识明确，了解自己的才能和所处的社会地位，善于决定自己的言行，有所为，有所不为。对既定目标勇往直前，遇困难、遭挫折时，均不气馁、不退缩，有克服困难、渡过难关的容忍与耐受的能力。当既定目标失去实现的客观可能性时，能理智地调整目标并做出更合适实现目标的选择。

6. 中年期的性别角色日趋整合

中年男性在男性人格的基础上逐渐表现出温柔、敏感、体贴等女性特点，而中年女性心理则逐渐表现出果断、大度、主动等男性特色，即出现了男性"女性化"、女性"男性化"的变化趋势，这种"男女同化"的人格一般被认为是一种"完美人格"。

爱情的心理特点

人到中年，由于社会角色的转换，社会和家庭都赋予了他们一定的责任。因此，爱情的激情不会像青年人那样狂热，而是具有深沉性。对于大多数中年恋人而言，特别是把感情重点逐渐转移到孩子身上后，他们之间的爱情仿佛有些淡化。

1. 爱情成为生活的一部分

中年的爱情是日常生活的组成部分，是和自己家庭及社会环境密切联系在一起的，他们对待爱情不可能像青年时代那样狂热。步入中年后，那种狂热的爱情则转化为稳定的心情，这是爱情生活的自然规律，他们的爱情显示出深沉的特点，具有较高的层次。

2. 彼此给予更多的理解和体贴

男性在平淡的日常生活中往往会怀念单身时的生活，女性则常常会怀念甜蜜的初恋。这些都是中年男女面对爱情的自然反应，但是他们彼此理解也彼此体贴，促使双方能够进一步感受家庭的温暖。

3. 不断更新生活内容，激发爱情

进入成熟阶段的夫妻开始区分性欲要求和感情要求。这时的男性，其年龄、工作责任感和家庭负担都开始和性欲冲突。因此，为了使爱情保鲜，双方会巧妙地利用生活中的小事来激发对方的感情，如亲昵的微笑、适度的嫉妒，从点滴生活小事中表现爱。

4. 爱情与繁衍相逢

埃里克森把中年期的心理冲突称为"繁衍对停滞"，繁衍是以帮助和培养下一代的方式与他人联系，这也是与恋人拥有更多亲密关系的一种体现。此阶段，恋人双方形成积极的同一性，即过上幸福生活，通过繁衍子女、教育后代、生产创造等活动，把爱和亲密传给下一代。爱情是恋人双方信任与忠诚的前提，因为有了爱情才有了共同繁衍与抚养下一代的想法与行动。

中年危机

人到中年，由于要面对各种困扰和压力，因此幸福感会明显

下降。中年人的幸福感最差，44 岁前后开始经历"危机"，44 岁左右幸福感会降到最低点，即人们所说的"中年危机"。不过，对美、英两国的调查发现，女性与男性遭遇中年危机的阶段有所差别，女性的中年危机一般在 40 多岁来临，男性则要到 50 多岁才会有所体验。

什么是中年危机？它是一种心理感受：躁动、绝望、无助、沮丧、恐惧、担忧，甚至开始怀疑自己的人生没有意义。产生各种困惑，甚至造成家庭危机、事业下滑。在这一阶段，男女双方很容易产生"爱情厌倦"的心理。

许多人都有这样的体验，人若长期接触同一事物或从事同一工作，就会产生疲劳感。即使是一幅很美丽的画、一首很动听的乐曲，反复看、反复听也会觉得索然无味。人到中年，夫妻之间吸引力减少，夫妻关系不和睦表现得越来越严重。彼此在思想上格格不入，无共同情趣，甚至貌合神离、同床异梦，甚至分居、离婚。

夫妻关系不和睦的危害性极大，致使夫妻双方身体状况受到不良情绪的伤害，极易遭疾病的袭击。家庭内部的不和谐、无休止的争吵与冲突，使得许多中年夫妇无法顾及子女的抚养与教育，非常不利于孩子的身心健康。如果中年夫妻发现有"中年危机"的迹象，一定要尽早处理。

恋爱风向标

（1）中年时，爱情可能变成了亲情，伴侣间互相包容，互相理解，充满温馨的爱情。

（2）中年时期的爱情会遭遇"中年危机"，产生"爱情倦怠"的心理，夫妻之间吸引力减少，夫妻关系不和睦可能表现得越来越严重。

（3）中年时期的爱情褪去了激情，逐步趋于平淡，伴侣们可以通过"学会换位思考""不要太黏人，给彼此一点空间""给对方小惊喜，增加生活仪式感"等方式应对"爱情倦怠"。

第 7 章

老年：陪伴是最长情的爱

把老年人和爱情联系在一起，有一些年轻人可能会不以为然，甚至不屑地说："都这把年纪了，还谈什么爱情。"其实，老年人的爱情更是别有一番滋味。那种"执子之手，与子偕老"的情结，绝不是年轻人所能品味到的。

如果说，年轻人花前月下是在为爱情寻寻觅觅，中年人四处奔波是在为爱情辛勤劳累，那么老年人相濡以沫就是在为爱情延续沉淀。爱情孕育于青年时代，发展于中年时期，真正的成熟却是在老年时期。

俗话说："少年夫妻老来伴，恩爱夫妻多长寿。"越是年老越要珍惜、巩固爱情。老年夫妇切莫分开，而是应朝夕相处，说说悄悄话，相互体贴，相互关心。

有老年人调侃说："所谓老年人的爱情，接个吻，都惊动了假牙。"这无疑暗示了老年人的爱情与老年人的生理及心理有着极大的关系。

生理及心理特征

随着生理机能的逐渐衰退，老年人的大脑功能也有不同程度的退行性改变，这表现在以下几个方面。

1. 运动反应迟缓

视觉和触觉等感官接收到外界信号后的瞬间，便向大脑传输针对性极强烈的感官信号，在经过大脑皮层分析处理后，将反馈信号传输给运动系统，出现一系列动作。

老年人的感官系统会随着机体衰老，传输信号的速度减慢，反应迟缓，而这样的变化常常表现在老年人的行走、持物动作、发音等诸多方面。

老年人的反应速度较青年人和中年人的要慢 20% ~ 30%，会出现显而易见的迟缓表象。

2. 记忆能力的错位

人的记忆力在 45 岁之后将进入逐渐衰退的阶段，70 岁之后又将进入另一个记忆力明显降低的阶段。因此，记忆力降低是老年人的一个显著特征。

其特点如下：（1）理解记忆保持较好，机械记忆明显衰退；（2）回忆能力衰退明显，再认能力衰退不明显；（3）记忆速度明显变慢；（4）短时记忆能力明显下降；（5）远事记忆良好，近事记忆衰退。

3. 思维衰退速度较慢

年老过程中思维的衰退出现较晚，尤其是与熟悉的专业有关的思维能力在年老时仍能保持。但老年人由于感知能力和记忆能力的衰退，在概念、逻辑推理和问题解决方面的能力会有所减退，而其中尤为明显的则是思维的敏捷性、流畅性、灵活性、独特性以及创造性。

4. 人格的改变

老年人的价值、信念较少发生改变，因而常给人一种保守的印象。老年人由于脑生理功能衰退，表现出心理能量的减少，在生活中表现出被动、退缩和迟缓，这不是消极的，而是一种主动的自我保护。老年人学会了将有限的生活能量用在最有效的生存活动上，这是一种适应性变化。老年人由于生理功能减退和慢性疾病发病率高使其经常体验到躯体不适，因而容易产生抑郁感和孤独感。

5. 老年人的情绪特点

（1）老年人更善于控制自己的情绪。调查结果表明，老年人比青年人和中年人更能遵循某些规范以控制自己的情绪，尤其表现在控制自己的喜悦、悲伤、愤怒和厌恶等情绪方面。

（2）老年人的情绪体验比较强烈而持久。就情绪体验而言，由于老年期中枢神经系统有过度活动的倾向和较高的唤醒水平，老年人的情绪呈现出内在、强烈而持久的特点，尤其是对消极情绪的体验强度并不随年龄的增长而减弱。老年人由于比较理性，往往会通过认知调节来减弱自己的情绪反应，但老年人对于负性应激事件所引发的情绪体验要比青年人和中年人持久得多。

（3）有些老年人容易产生消极情绪。由于个性、环境条件等多种因素的影响，有些老年人容易产生消极情绪，例如，有些老年人由于职务地位的变化会产生失落感和疑虑感，有些人则会因为健康问题等而感到焦虑、抑郁和孤独，甚至产生不满情绪。

（4）绝大多数老年人都有积极的情绪体验。对老年人的生活满意度的调查表明，从总体看，各年龄阶段的老年人对生活很满意或满意的占绝大多数。老年人的积极情绪体验表现为轻松感、自由感、满足感和成功感。

当人的身体、精力、智商、婚姻、家庭、存在感全部一点点被时间啃噬，还有什么能够点燃这副即将枯朽的躯体，带来生的希望？

满头银发的柳川老人给出的答案是：爱情。

爱情的心理特点

1. 从容地品味爱情，真正地享受生活

这种甜蜜蕴藏在老年人相濡以沫的生活细节里，蕴藏在无限温存的话语中，蕴藏在散步相互扶持时，蕴藏在生病时的杯水勺羹里。

正因为如此，老年人总是无限珍惜这种精心培育一生才得来的爱情果实。

他们从来没有像今天这样关注自己，从来没有像今天这样关爱老伴。他们决心要把人生的道路坚持走到底，与其说是为了自己，更确切地说是为了老伴，不会轻易撒手而去。

对相知相守的现状满足，对缘分感恩。

于风雨兼程的人生里，在五味杂陈的生活中，谁是谁的月下客，谁是谁的心上人，谁与谁会一见倾心，谁与谁能相伴到岁末晚景？

凭的就是一份缘。老年人之间的爱情难道不是这样吗？相遇是缘，相恋是爱，相守是情。

2. 相互依靠，内心紧紧连在一起

老年人的爱情，经受住了人生的大起大落，走向彼此的内心。他们的心紧紧地联在一起，一起经风沐雨，共感人生悲喜。老年人的爱情，不会因岁月而褪色。执子之手，与子偕老。

3. 爱情更安逸、更细腻，情感表达委婉而不失温情

相对于年轻人而言，老年人对安逸的要求变得越来越强烈。在他们奔波了几十年后，体力、心力都大不如前了，此时他们的感情会比年轻人更细腻、更挑剔，他们也需要更多的关爱。而这种关爱除了子女的孝心、亲戚朋友的关心外，我们不应该忽视老年人的情爱交流。人一旦步入老年，其体力会大大下降，他们不可能像年轻人那样充满激情，可是他们依然有这方面的需求。有些鳏寡独身的老年人喜欢去公园、老年人活动室与异性聊天，这是他们对情爱的一种追求方式。

老年人有他们自己表达感情的方式，聊天或许就是其中的一种。而有些老夫老妻则喜欢手牵手坐着晒太阳，或脸贴着脸进行交流，这是一种亲昵的表现。老年人的爱情交流主要以爱抚为主，通过抚摸双手、脸庞等，以达到友爱与性爱两可的边缘状态，充分感受彼此的温情。

恋爱风向标

（1）老年时，爱情是经过了岁月的蹉跎，而老年人的爱情不求荣华富贵，不求名利，只想和老伴每天一起买菜、散步，过着简单而平淡的生活。

（2）老年人的爱情表达，不再是轰轰烈烈或你侬我侬，而是体现在生活中的细小之处，如帮老伴整理鞋子、出门买对方爱吃的小蛋糕等。

（3）老年人的性欲要求和性行为的表达都是一种生理和心理需要，这个年龄阶段的情爱交流主要以爱抚为主，通过抚摸双手、脸庞等，以达到友爱与性爱两可的边缘状态，充分感受温情。

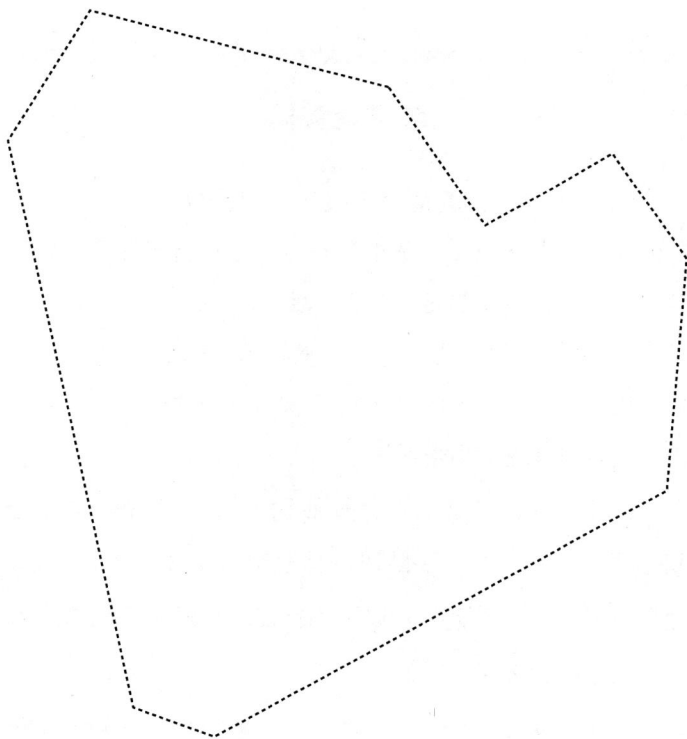

第三部分

男女大不同

为什么朱德庸说，男人没有女人就没有乐趣，有了女人就没有生趣？

为什么先生、太太吵架，先生讲1个字，太太讲10个字？

为什么先生、太太吵架后，太太还在生气，先生已经呼呼大睡？

为什么小学六年级以前，班长多半是女生？

为什么一般来说女生关注细节，男生更关注整体？

……

这些都是我们生活中常见的小事，但是却反映出男女如此大的差异，不知道你有没有发现：在做同一个决定的时候，不同性别的人往往会得到不同的建议。取名字、穿衣服、买东西、打理家务、选专业、找工作、社交、进修、谋求加薪升职、恋爱、结婚、家庭分工、选择兴趣爱好……

或者，做了同一件事的人会因为性别不同而得到不同的评价。例如，在有些人看来，女博士就是"第三种人"。身居高位或工作繁忙的女性，会被请教"如何平衡家庭与工作"。一个家庭里，如果太太薪水比较高，难免会有热心人要关心先生的家庭地位和心理健康。

这些与性别有关的差异都说明，我们仍然生活在一个男女大不同的时代。但是，这个差别具体有多大呢？

我们一起来探讨一下。

第 8 章

认识你的性别角色

有关男女大不同的探讨，我们可以从了解自己的性别角色开始。无论男女，每个人都有属于自己的性别角色。我们要如何认识自己的性别角色？怎样处理自己对性别角色的困扰？

性别角色，顾名思义，就是男性女性分别扮演的角色。根据自己的性及历史与社会定义养成特定的行为及思维模式。

为什么要有性别角色

　　无论你是否承认，人们对于不同的性别总有不同的期待。男生、小伙子、父亲……总是与阳刚、有力联系在一起；而女生、少女、母亲，则总是与阴柔联系在一起。当一个人符合人们心中的性别期待时，我们就会说他有男性气质或女性气质。我们无法想象一个走路扭腰摆臀的男子能够给人带来性别上的美感，而一个女子如此，便是妩媚多姿。当一个男人说话软绵绵时，可能会得到"娘娘腔"的评价，这恐怕是对一个男人的嘲讽或羞辱。但奇怪的是，当一个女人说话做事果断时，我们却多是从正面角度评价她。我们这个社会似乎对这一类女性持欣赏的态度。可以说，性别角色是社会文化的产物。只要你在社会文化中浸濡长大，你就或多或少地会形成特定的性别意识。性别角色认同是一个人在社会化过程中的重要经历，对于一个人的成长成熟具有重要意义。

性别角色的界限渐渐变得模糊

　　随着现代社会劳动方式的变化与人们观念的开放，越来越多的成年女性开始参与社会活动，从事过去属于男性的传统职业，而男性则开始分担常年由女性包揽的一些家务劳动。不仅如此，变化也体现在人们的发型、着装和行为习惯等方面。例如，一些男性蓄长发、着鲜艳服装，女性留短发、着男性服装等，使性别角色的行为规范有了急剧改变。这种改变又进一步融入当代社会，为人们所接受，成为当代社会文化的一部分。

性别角色的界限逐渐模糊，这也造成了一些困扰，如职业的选择。当我们提到幼师、护士等职业的时候，总是会想到女性，每当媒体报道男性从事该种职业时，很多人都会觉得奇怪，这也会导致很多热爱该行业的男性，因为世俗的眼光及舆论的争议而远离自己喜欢的职业。

如何应对性别角色的困扰

在面对有关性别角色的困扰时，我认为可以从以下几点着手。

1. 相信自己在生理上是男性或者女性这个毋庸置疑的事实。对自己的性别要有自信，有认同。

2. 有意识地培养果断、刚强的品质。当一个人行事果断、性格刚强时，就不容易产生自己的做法是否符合自身性别的传统定义，或者产生自己的选择是否会被社会所认同的疑虑了。

3. 有意识地多与同性朋友接触，从他 / 她们身上补充能量。同性之间的相处与交流能够让人们增强对自己性别的理解，同时从不同的角度认识到自己的某些选择仅仅是适应需要。

4. 悦纳自己身上带有异性特征的一面，如细心、多愁善感等，相信这是成为完整自我的一部分，请不要拒绝，更不必以此为耻。

恋爱风向标

（1）性别角色是指根据性别而定的一种行为及思维模式，要认知自己的性别，增强对自身性别角色的认同。

（2）性别角色认同是一个人在社会化过程中重要的一环，对于一个人的成长和成熟具有重要的意义，对恋爱中的双方进行情感定位也具有十分重要的作用。

（3）化解恋爱中性别角色的困扰，可以从以下四个方面着手：

·认同自己的性别；

·有意识地培养果断、刚强的品质；

·多与同性朋友接触；

·悦纳自己身上带有异性特征的一面，并且将其转化为自己的优势。

第 9 章

两性的生理差异

埃里克森说过，生理结构便是命运。了解男女的生理差异，才能更好地陪伴对方。不要轻易觉得女人娇滴滴，吃不了苦，干不了重活；也不要觉得男人不愿意敞开心扉，有时候男人也需要支持和帮助。

不同的大脑构造

男性和女性的大脑结构有着很大的差异，这种自然现象对于很多人来说并不陌生。但是，如果问到具体的差异是什么，能做出准确回答的人就所剩无几了。那么，男性和女性的大脑到底存在哪些差异呢？这些差异对于两性的行为是否会产生一些影响呢？

1. 男女大脑的重量不同

为了纠正男性体重较大引起的偏差，科学家们往往会用同体重、同体表皮肤面积的男女作比较。结果显示，两者大脑重量的差异大约在 100 克左右。对于这种大脑重量的差异是否会对智商产生影响这个观点，科学界曾经有过激烈的争论。不过，迄今的研究结果已经证实，大脑的重量与智商水平并没有必然的联系。基于这一结论，我们没有理由再认为男性大脑的重量多于女性，其智商就会高于女性。

2. 男女大脑中与性行为相关的部分不同

当胎儿在母体中的时候，男性的精巢和女性的卵巢就已经存在了。在与性行为相关的大脑边缘叶，男性的神经细胞数量较多。这里是关系到性别自我认知的大脑部位。人们判断自己是男性还是女性，主要是受到大脑这个部分的神经细胞数量的影响。

3. 大脑的语言功能部位也存在男女的显著差异

加拿大麦克马斯特大学的桑德拉·维特森教授（Sndra Uiteruson）开展了这方面的研究，她对去世后愿意捐献大脑的志愿者进行了解剖分析。她告诉人们，人类大脑中负责理解谈话内容或文字意思的区域被称为"韦尼克氏区"。在这个区域，女性的神经细胞数量要比男性多12%。这个结论可以很好地帮助人们理解为什么女性的语言表达能力要比男性强很多。事实也正是这样，在幼儿时期，女孩一般会比男孩先开口说话，对于语言的学习能力也要强于男孩。成年之后，这种差异还会在语言的流畅性、文字的理解力等方面有更明显的展现，女性在这方面会比男性显得优秀。

举个例子，最近流行这样一些娱乐短视频，女生发10句微信消息，男生可能才回复一句，而回复的语言通常是"嗯""哦""好的"这些很简洁的话语。这个时候女生就会想，他是不是不爱我了？他是不是根本没把我放在心上？

事实并非如此，这是由男女大脑中情绪语言的控制区域不同所造成的。在交谈的时候，男人只使用一个半脑，而女人则使用两个半脑。研究显示，当男人和女人在阅读和造句的时候，男人只有左前脑在剧烈活动，而女人的大脑中则有大片区域在剧烈地活动着，两个半脑都在活动。大脑的两个半脑分工是不同的，左半脑更倾向于理解，右半脑更倾向于情感。因为女人在处理语言时调动的大脑区域更多，而且是两个半脑同时参与，所以她们的语言能力自然也就比男人更强。正如洪兰教授所言："男生平均每天讲7 000字，而女生则讲20 000字。"女人比较会把她的情绪用语言表达出来，也就是说大部分的时候，女人说话是在表达情感，而男人说话则是在传递信息。

不同的大脑活动

男女大脑除了在结构上很不相同外，在大脑活动规律上也有很大的差异。2005年，美国加利福尼亚大学的教授理查德·海尔（Richard Hale）博士对48位学生进行了智商测试，在该测试结束后，立刻用核磁共振对学生们的大脑进行扫描。结果发现，男生与女生的大脑扫描图像完全不同，男生在测试时会使用整个大脑，而女生则主要使用大脑前部（前脑叶）。即便男女生的测试分数相同，他们的大脑扫描图也不相同，会在大脑的不同区域出现脑细胞的高密度图像。这说明男女在思考问题的时候所使用的大脑部位完全不一样，某部位脑细胞的密度越大，那个部位的使用频率就越高。

这种大脑思考部位的不同，便引起了男女思考方式及结果的不同。不知道大家有没有发现，在我们的生活中，男生的方向感好像更强一些。尤其是当我们问路的时候，男生倾向于用东南西北指路，而女生则喜欢用左右与标志。举个例子，当你到一个地方旅游时，想要去最近的便利店，男生通常会说："中山路走五公里转东，再沿建国路走三公里转西。"而女生则会说："你往前走，看见教堂就右转，看到麦当劳再左转，在你的右手边那个停车场后面，那个红色的房子就是你要找的。"女生听不懂男生的指路，而男生则会觉得女生说得太啰唆。

在我们的大脑皮层中，主要负责处理视觉信息的是大脑视觉皮层，其中有两种视觉皮层与方位有关，分别是处理颜色和地标的视觉皮层以及处理距离和方位的视觉皮层。女生处理颜色和地标的视觉皮层比男生大，所以女生在判断方位时倾向于用颜色与地标；而在男性的大脑中，处理距离和方位的视觉皮层较大，所以男生指路会用距离与方位。

不同的身体构造

相传上帝先创造了人类的始祖亚当，然后取下亚当的肋骨创造了天性敏感细腻的夏娃。其实，女人并不是传说中的上帝造人时从男人身上取下的那根肋骨，她们与男人在生理上有着一些本质上的差别。

两性在生殖器结构方面的差异是各自性别最根本的标志，这些差异被称为第一性征。

男女两性在青春期时，由于受性腺分泌的性激素的影响，出现了一系列与性别有关的特征，我们称之为第二性征。第二性征在男性这里表现为：体格高大，肌肉发达，体表常有多而密的汗毛，长胡须，喉头突出，嗓音低沉，等等。女性则表现为：骨盆宽大，乳腺发达，由于皮下脂肪多而显得体态丰满，嗓音细润，等等。这些身体形态方面的变化是具有生理意义的：女性宽大的骨盆对分娩有益，发达的乳腺为哺乳所需。第二性征的发育和维持是性激素作用的结果。

男人的身体构造相比女人，在骨骼、肌肉发育方面具有优势，所以一般男性的体力强、力量大，能承受较重的体力劳动和较强的运动负荷。男人的柔韧性天生不及女人，对于疼痛的忍耐力也没有女人强。所以从另一个角度来看，男人的内心其实并非永远刚强，很多时候需要女人的协助。

恋爱风向标

（1）不同的大脑构造使恋爱中的双方在语言表达、情绪处理以及对性的认识等方面存在差异。

（2）不同的大脑活动使恋爱中的双方对恋爱中的事情有不同的思考方式与表达方式。

（3）男女不同的身体构造是双方产生爱情、相互吸引的一个基础，同时在爱情与性生活中发挥不同的作用。

第 10 章

两性的心理差异

男女由于大脑生理构造的不同，存在许多先天的差异，而这些差异又引起了两性在思维上的差异。在不同思维方式的引导下，以及社会传统的影响下，男性与女性便形成了一些极不相同的心理特征。正如美国婚恋情感专家约翰·格雷（John Gray）所形容的那样："男人来自火星，女人来自金星。"透彻了解男女心理，是通向成功恋爱与婚姻的重要阶梯。

成就动机

男人和女人生活在同一个世界里，看到的也是相同的世界，但成就定向却有很大的差异。其差异一般表现在：男人喜欢做事，与物打交道；女人喜欢交流，与人打交道。

正如我在本章第二节中已经分析过的，这种差异归根结底来自两性大脑结构的不同。女婴的大脑构造使她们对人及人脸更易产生反应，喜欢看人的眼睛，与成人眼睛接触的时间比男婴的时间长两三倍。而男婴的大脑对于物体及其形状会产生反应，喜欢看动着的玩具，以及不规则的物品。经过幼儿、少年和青年时期的不断强化，两性之间为人处世的心理特征就逐渐形成了，即男性感兴趣的是事物运作的方式，女性感兴趣的是人与人之间的关系。

心理需求

男人和女人在心理需求方面也有所不同，而且差异很大。大多数男人和女人并不知道彼此有不同的心理需求。男人给出男人想要的，女人给出女人想要的。结果，双方都不满意。事实是，他们双方都给出了爱，却都不是对方想要的那种。

1. 女性的心理需求

总体来看，大多数女性都会通过与他人的融洽相处、亲密交往来满足心理上的需要。我们很容易见到，在女性的小团体中，相互之间相处得很和谐，其中没有明显的领导者，聊天是她们经营关系的重要方式，每个女性都可以与密友分享自己的秘密。关于聊天的内容，女人们经常谈论喜欢谁、谁的行为如何、和谁闹别扭，以及工作中的人际关系等与交往有关的话题。女人在恋爱里的心理需求如下。

（1）需要时常被关怀。

（2）需要不断被肯定。她可能会反复地询问你是否爱她，其实她只是需要来自他人的不断肯定。

（3）需要想法被尊重。女性的自尊心和戒备心比男性强。在相处过程中，女性有着强烈的自尊心，并且经常会设法使自己的自尊心得到满足，希望自己的想法能够得到对方的尊重与认可。

2. 男性的心理需求

与女性相比，男性的心理需求不是通过人际关系得以满足的，而是来自对事物的掌控。男性喜欢谈论的是活动，如谁在干什么事业、谁擅长什么或某样东西如何运作等与事物有关的内容。具体来说，男人很乐意谈运动、工作、新闻、科技、汽车和去过哪些地方等，他们不太关注人与人之间的关系如何。所以，男人很喜欢聚集在饭店、餐厅和俱乐部里，谈谈工作上和生意上的事。男人在恋爱里的心理需求有以下几点。

（1）自身能力被肯定。他时常会关心对方对其所做的事的评价。

（2）才华被欣赏。也许他有些嗜好和才华你并不了解，但你仍需学会尊重。

（3）努力被感激。他对你以及对这段感情所做的努力需要被感激。

很多男性对爱的需求就像观赏鱼，不能每天喂食，不然会出现饲料过量，然后被撑死；很多女性对爱的需求就像盆景，需要每天浇水，通风良好，不宜曝于烈日之下。

交流与沟通

很多男性经常抱怨："女朋友常怪我不用心听她说话，真是冤枉啊！其实每次一开头，我都很用心听她说什么，可是她说话时实在太没重点，前面说的是这个问题，一下子又拐到其他事上去了。"

这种"根本不知道对方在说些什么"的情绪，对于男性而言，其实是非常有挫败感的。但女性只会觉得男性根本没把她的话听进去，因而十分生气。

在交谈中，男性常常更直截了当，而女性则比较倾向于委婉含蓄。男性更喜欢解决问题，而女性则更喜欢关注感受，比如，男性常常抱怨女性总在不断谈论自己的问题，女性则会责备男性从不认真倾听。男性的沟通习惯是先讲"结果"。他们所习惯的解决问题的方式是，很快抓住重点，马上解决；而女性则习惯强调"过程"，凡事从头说起，最后才道出事情的结果及原因。男性更倾向于迅速结束话题和不断地转换话题，而女性则更喜欢对同一个话题深入交流……这些差异不仅会影响男女沟通的效果，阻碍信息和情感的传递，还会带来沟通的困境和障碍，因此造成了很多的误会和矛盾。

黛柏拉·泰南（Deborah Tannen）博士的研究为理解男女沟通风格的差异提供了重要见解，她的研究指出：女性使用的是建立联系和亲密性的语言，男性使用的是确立地位和独立性的语言。因此，当男性听到一个问题时，他们常常会通过提供解决办法来表现自己的独立性和控制力；相反，很多女性只是把提出问题作为一种加强亲密感的方式。女性提出问题是为了获得支持和联系。当然，这并不适用于所有女性和男性，只是个大致的概括。

一般而言，男性沟通的习惯是先讲"结果"，很快抓出重点，马上解决。而女性则习惯强调"过程"，凡事从头说起，最后才归纳出事情的结果及原因。她们认为这样的沟通方式，可以很仔细地把自己的心路历程以及感受告诉对方，分享给对方，这么一来，彼此的关系才会更亲密，她的情绪也能得到纾解。

压力应对

男性和女性最大的差别之一，就是对待压力的方式不同。压力到来时，男人的精神和意志高度集中，变得沉默寡言；女性面对压力时，会一时间不知所措，心情紧张，容易情绪化。男性摆脱压力，获得释放的方式，和女性完全不同。除非把问题解决，他一刻不得安宁。女性则不然，只要把问题说出来，就可以得到宣泄。男性和女性处理压力的方式不同，由此可见一斑。

当男性心情不好时，一般会把想法憋在心里，很少向人倾诉，他会担心自己给其他人增加负担。他宁可大包大揽，独立解决问题，除非很有必要，他才会求助于人。通常来说，他会一声不响地迅速进入"洞穴"。所谓"洞穴"，就是他的自我天地，是精神世界的"隐蔽所"，是他退避与休憩的心灵圣殿。在那里，没有任何事情可以打扰他。在那里，他会将问题反复斟酌与权衡，以期尽早得到解决。"功夫不负有心人"，男性往往会在"洞穴"里看到光明，找到出路，之后如释重负。他不再是伴侣眼里的"闷葫芦"，而是有说有笑，容光焕发，充满活力。

当女性感到有压力时，为了轻松和解脱，她会和自己信任的人待在一起，将苦恼娓娓道来，以期摆脱消极情绪的控制。她喜欢将感受和盘托出，与人分享，这会使她感觉良好。

在女性看来，对别人讲述心里话，意味着爱和信任。她认为，从倾听者的角度而言，这不该是一种负担。她喜欢倾诉，抒发沮丧、失望、懊恼和疲惫的心情，让身心更加放松。

恋爱风向标

（1）成就动机不同：男人喜欢做事，与物打交道；女人喜欢交流，与人打交道。因此，在爱情生活中，男女双方可以负责不同的事项。

（2）心理需求不同：女性的心理需求来源于与他人的融洽相处、亲密交往，主要体现为时常被关怀、不断地被肯定、想法被尊重。男性的心理需求则来自于对事物的掌控，主要体现为自身的能力被肯定以及才华被欣赏。恋爱中的双方可以从以上方面着手，满足彼此的心理需求。

（3）恋爱中的双方要多进行沟通、交流，避免日常矛盾的积累。由于沟通方式存在差异，因此双方在沟通过程中都要学会换位思考。

第 11 章

两性在恋爱中的不同表现

网上有这样一个段子："如果一个女生手机上有 20 个未接来电，那么她很幸福。如果一个男生手机上有 20 个未接来电，那么他就死定了。"这种刻板印象虽然很搞笑，但足以说明恋爱中的男女总是相差甚大。

我们可以将恋爱分为五个阶段：来电期、动摇期、正式交往期、亲密期、订婚期（分手期）。而在这五个阶段，由于成长环境、思维方式和激素分泌的不同，男性和女性通常会有不同的表现。

来电期

男性：先有好的感觉才愿意沟通。

女性：先沟通才有好的感觉。

有人说，男性比女性更易一见钟情。这是因为男性往往更注重女性的外表特征，有时只要女性貌美，他就会把女性的一切理想化。然而，这只是一种心理或生理的冲动，并非爱情。而通常女性恋爱则较为注重男性的内心世界，选择对象时一般较为慎重，但她们若对男性产生了"好"印象，就不会轻易改变。女生这一特点，从负面影响来说，有时会使她们听不进别人的忠告，一意孤行，自食其果。

动摇期

男性：动摇的原因很多。

女性：他在摇摆。

我们要认识到摇摆其实是正常的，不摇摆只能说明你没有认真地选择。一般来说，男性摇摆的原因有很多，例如，将现在的女朋友不断与自己心目中的或以前的情人比较；不敢确定自己是否有能力让对方幸福；还没享受到追求对方的乐趣；在等待女性的反应。然而，很多女性摇摆的原因却只有一个，就是男性在摇摆。

此时，男女双方不再联系，双方都在等待，等待谁能先迈出那关键的一步，戳破那层暧昧的窗户纸……问题就这样出现了，女性常常会按捺不住急迫的心情，给男性施加压力，这样只能吓坏对方，没有任何作用。女性此时最好的策略就是按兵不动，或者尝试看似被动的主动。

正式交往期

> 男性：对被懂得的需求大于被爱。
>
> 女性：对被爱的需求大于被懂得。

当两个人确定恋爱关系之后，男性更需要恋人懂自己，而女性则希望恋人能够全心全意地爱自己。换言之，在恋爱中，男性更需要被理解，而女性则想要被爱。如果恋爱中的女性不想花时间懂自己的恋人，只想百分百地爱他，那么这并不利于亲密关系的健康发展。电视剧《过把瘾》中，男女主人公整天吵闹不休，难道说女主角不爱男主角吗？她爱，非常爱，比爱自己还要爱，而当她步步紧逼，拿刀逼问男主角："你爱我吗？说，说你爱我！"却只换来了男主角的暴怒："我恨你！"这一切足以说明，与爱相比，男性更需要一个懂自己的恋人。而面对女性对爱的需求时，男性可以多一点关心，在细节中体现自己对恋人的爱，让对方感受到自己在全心全意地爱她，才会让她对这段亲密关系更有安全感。

亲密期

男性：我不仅要心理上的满足，我还要性。

女性：我只要感性上的满足。

当被问及"什么是爱情"时，大多女性的回答是："体贴、宽容，对彼此好……"而有一个男性只回答了一个字，惊讶了在场的所有人，他说——性。

是的，恋爱中，男性的感情往往显得较为强烈和冲动，比较而言，女性的感情则表现为细腻缠绵。男性一旦喜欢上了对方，很快就会产生一种亲昵的需要，希望亲吻、拥抱的欲望较为强烈；而女性在刚刚喜欢上对方时，只是渴望与对方待在一起，她们更多的是从充满情感的语言和目光的沟通中体验愉悦，得到满足。

订婚期（分手期）

男性：视婚姻为接受义务。

女性：视婚姻为让予权利。

若订婚

从订婚的那一刻开始，男女双方都希望这段婚姻能够一直幸福地走下去。男性决定结婚，意味着从今以后将照顾恋人一辈子。女性决定结婚，则意味着将打开心门之钥只交给那个男性，只接受他的感情。男性用忠心不二来表达爱，用承担责任来延续自己与恋人的亲密关系。女性则是用为爱付出来表达爱，用感动来浇灌感情。但是，多数男性更多地将婚姻视为义务，对爱情的敏感度会降低，除非他感到有危机，所以在婚姻中，男性总是容易忽略婚姻生活；而女性为婚姻让予自己作为女孩时的部分权利，她想要永远被捧在手心上疼爱的感觉，所以会对婚姻的"永远有多远"担心着。

若分手

关于分手后男性和女性有什么区别，我们听说过很多种说法。

有人说，女性分手时不果断，分手后绝情；男性分手时果断，分手后易后悔。

分手后的区别，我觉得不能用男性和女性来区别，应该是爱与不爱的区别，在乎与不在乎的区别。

如果还爱着，即使分手，也还是舍不得放下关于对方的一切，有时候狠下心来的诀别，也像是被一把利剑刺得体无完肤，要很久才能恢复。

如果不爱，即使还在一起，也一样会忽视对方，对方笑了他不关心，对方哭了他不在乎。这比陌生人之间的冷漠还伤人心。

尽管男女在恋爱中存在着许多差异，但是却具有相同的两件重要的恋爱心理任务：你是否更了解自己的需求，你是否已学会疼爱别人。

恋爱风向标

（*1*）恋爱是一个过程，不同的阶段男女双方有着不同的表现，无论在哪个阶段，"求同存异"都是维持良好关系的真理。

（*2*）在恋爱中，两个人需要把更多的目光放在彼此一致、相同的地方，这样会对关系更满意，对事物的看法更能达成一致。要避免"人们倾向于高估不同点，因为他们只注意到了极端情况"的情况。

（*3*）在理解异性的时候，我们无须一直追问对方到底在想什么，设身处地地站在对方的角度，想一想：如果我是他／她，正处于这样的情况下，我会有怎样的心情。再结合对方的原生家庭、生长环境以及各自父母的人生观、价值观来尝试理解。这样做使我们可以很准确地理解对方在恋爱中的表现。

第四部分

好的亲密关系需要好的管理

喜欢是想靠近，爱是离不开；

喜欢是一朝一夕，爱是从心动到古稀；

喜欢是渴望分享快乐，爱是甘愿共同承受痛苦；

喜欢是喜欢你的闪光点，爱是愿意包容你的不足；

喜欢是以他／她喜欢的方式对你好，爱却是以你喜欢的方式对你好；

喜欢有时是一种情绪，而爱是一种亲密关系。

第 12 章

恋爱的双方需要建立亲密关系

爱情不是被责任与义务捆绑的关系。如果爱情中仅仅充满了责任与义务，那么两个人之间的相处在一定程度上就缺少了几分心甘情愿，多了几分束缚感。

恋爱的目的就是建立亲密关系，我们通过和恋人建立起一种较深的心理联结，来更多地了解自己。亲密关系包括很多种，而恋人之间的亲密关系是最独一无二的。

那么，要多亲密才能证明彼此之间的爱情呢？正如心理学家罗兰·米勒（Rowland Miler）所言，属于爱情的亲密关系主要体现了六个要素：了解程度、关心程度、相互依赖性、相互一致性、信任度和忠诚度。

亲密关系的六要素

1. 了解程度

亲密的伴侣彼此间有着广泛的、私人的（而且常常是秘密的）了解。他们熟知彼此的经历、爱好、情感和心愿，而且一般不会把这些信息透露给其他人。

2. 关心程度

亲密的伴侣关心彼此，能从彼此身上感受到更多的关爱。如果人们认为自己的男/女朋友更加了解、理解并欣赏自己，彼此间的亲密程度就会增强。

3. 相互依赖性

亲密关系中的双方的生活也是交织在一起的：一方的行为会影响另一方的行为目标和行动能力。亲密伴侣的相互依赖性是指他们彼此需要的程度和影响对方的程度，这种相互依赖是频繁的（经常影响彼此）、强烈的（彼此都有显著的影响）、多样的（以多种不同的方式影响彼此）和持久的（彼此影响的时间很长）。当关系发展到相互依赖的程度时，一方的行为在影响自己的同时也会影响到另一方。

4. 相互一致性

由于这种紧密的联系，亲密关系的双方常认为他们是天造地设的一对，而不是两个完全分离的个体。他们表现出很高的相互一致性，这意味着他们认同双方在生活上的融合，自称为"我们"，而不是"我"和"他/她"。事实上，这种称谓上的变化从"我"到"我们"，常常标志着彼此的关系发展到了微妙而又意义重大的阶段。接纳他人的程度是评定相互一致性最生动、最直接的方法，进而能有效地判别人们之间是否存在亲密关系。

5. 信任度

使得亲密关系保持的另一个要素是信任，双方均期望彼此会得到善待和尊重。人们相信亲密关系不会带来伤害，并且期望伴侣能满足自己的要求，关注自己的幸福。如果丧失了这种信任，亲密伴侣就会变得彼此猜忌，从而破坏亲密关系独有的坦诚和相互依赖的特质。

6. 忠诚度

亲密伴侣通常会忠诚于他们的亲密关系，希望他们的亲密能持续到地老天荒，并为此不惜投入大量的时间、人力和物力。这种忠诚一旦丧失，曾经的恩爱情侣、知心朋友也会日渐疏远、貌合神离。

六要素决定了亲密关系的质量

上述六个要素是亲密关系中常见的几个判断准则。其实，这六个要素未必会全部出现在一段亲密关系中，任何一个要素都可以单独出现在亲密关系中。例如，一对单调乏味、缺少情趣的夫妻可能相互依赖的程度很高，在日常生活的琐事上紧密合作，但却生活在缺少关爱、坦诚或信任的心理荒漠中。他们当然比一般的熟人要亲密，但毫无疑问，他们会觉得彼此不如过去那般亲密了，热恋时他们的关系存在更多的亲密成分。

一般而言，最令人满意和最有意义的亲密关系应当包括所有要素。如果一段亲密关系只包含其中某几个要素，那么这段关系的亲密程度就比较薄弱，稳定性比较差。正如不幸福的婚姻所揭示的，对于不幸福的夫妻，双方的亲密程度一般波动极大。

你或许憧憬过古代那种举案齐眉、相敬如宾的爱情，如李清照和赵明诚、司马相如和卓文君，觉得那才是美好的爱情，但在现实生活中，那种对彼此相敬如宾、缺少亲密的爱情并非是最适合现代人的爱情。

恋爱风向标

（1）恋爱的目的就是建立亲密关系，我们通过和恋人建立起一种较深的心理联结，来更多地了解自己。

（2）判断一段亲密关系的质量时，我们需要从六要素入手：了解程度、关心程度、相互依赖性、相互一致性、信任度和忠诚度。亲密关系中的双方应以此为努力的基础，让爱情更加亲密。

第 13 章

你的喜欢是爱吗

当你陷入一段感情的时候，这将是你遇到的困惑之一：我对他、他对我，到底是喜欢还是爱？那么爱与喜欢到底有什么不同呢？

专业的心理学书籍中这样定义喜欢：在实际生活中，与爱情最容易混淆的一种人际吸引形式是喜欢。社会心理学家鲁宾对爱情和喜欢的关系进行了系统的研究，他发现爱情不是喜欢的一种特殊形式，爱情与喜欢是两种不同的情感。确实，生活中"我喜

欢他 / 她，但不爱他 / 她""我爱他 / 她，但不喜欢他 / 她"的现象经常发生。

那么在亲密关系中双方的情感状态是深刻的爱还是普通的喜欢呢？有人问上帝，喜欢与爱有什么区别？上帝指了指一个孩子，只见他站在花前，为花的美丽迷醉，不由地伸出手把花摘了下来。上帝说，这就是喜欢。接着，上帝又指了指另一个男孩，只见他满头大汗地在给花浇水，又担心花被烈日晒着，自己站在花前挡光，上帝说这就是爱。

鉴别爱与喜欢的三个要素

爱和喜欢的区别主要体现在三个要素上。

第一个要素：依恋

我们前面已讲过成人的爱情关系同婴儿一样也可以视为一种依恋的过程，主要有三种类型：安全型依恋、回避型依恋以及矛盾型依恋。

关于依恋，当你难过或者伤心的时候，第一时间想到的那个人，在你的脑海里第一时间浮现的那个人，就非常有可能是你爱上的人。陷入爱情的双方在感到孤独时，会去寻找彼此来陪伴或宽慰，这就是依恋彼此的表现，而喜欢的对象不会让人产生这种感觉。

第二个要素：利他

喜欢，比较"利已"；爱，有较多的"利他"色彩。恋爱中的人会高度关怀对方的情感状态，觉得让对方快乐和幸福是自己义不容辞的责任。在对方有不足时，也会表现出高度的宽容。最自我中心、自私自利的人，在恋爱中也会表现出某种理解、宽容、关怀和无私。

喜欢通常以单方为主体，也就是说，以自己为主体、对方为客体，属于利己行为，爱则是双方互为主体，是一种先利人后利己的行为，反映了我们依恋、关心与亲密的情感。

第三个要素：亲密

恋爱的双方不仅对彼此有高度的情感依赖，而且会有身体接触的需求。亲密既包括热情、理解、诚实、支持和分享等心理现象，也包含激情与性。亲密的关系能给恋爱的男女带来巨大的力量和安慰，使他们对爱情产生更大的信念和动力，使两个人都能感觉到思想的默契和心灵的依恋，建立起一种坦诚、共享、和谐与温暖的关系，成为心心相印的伴侣。同时产生生理冲动和对肉体的强烈欲望，燃起对性的渴望。

爱与喜欢的不同表现

喜欢与爱也有不同的表现。喜欢是高兴、爱是迷醉；喜欢会让人不经意地想起，爱则常常让人想起与惦记；喜欢是离别思念、见面开心，爱是离别煎熬，相见情怯；喜欢是彼此的感觉更放松，爱是更在乎对方对自己的感觉与感受；喜欢并不排他，但是爱具有唯一性和排他性。爱可以包括喜欢，喜欢却不一定能让人相爱，爱是喜欢的一种极致表达。

喜欢，像是餐前的开胃菜，味道再好，终究不能当主菜。两性互动，喜欢有时是爱情的前提，是为正式的爱情发展铺路，使双方的关系发展能更顺畅。所以，经历过喜欢阶段再进入爱情阶段的男女，感情都较为稳固。

今天，人们更多地在追求一种即时性的东西。然而，爱需要长久的培养，就像煲汤一样，它要一点一点地温热。我们今天的爱情大多是速食主义的、快餐式的，人们的感情变化非常快，那么这种变化迅速的爱情也许只是喜欢。爱情也是最令人费解的，其实并不存在一个关于爱情的普适性的真理，每个人的爱情都是不同的。有时我们需要区分爱与喜欢，有时我们又不用太过在意于此。

恋爱风向标

（1）鉴别爱与喜欢可以从三个方面着手：彼此之间是否存在依恋？恋爱中是"利他"多一点还是"利己"多一点？感情上的依赖与身体上的碰触是否都具备？

（2）爱可以包括喜欢，喜欢却不一定能发展成爱，爱是喜欢的一种极致表达。

第 14 章

对于亲密关系，是相似好还是互补好

在生活中，总会有人问："是相似的还是互补的亲密关系更适合我？"似乎大多数人都认为互补更好。例如，很多人都说理想主义者和理性者是完美的结合。但也有人觉得相似更好一些，双方的沟通方式接近，人生观、价值观也接近，这样可以减少很多误会的发生，更能互相理解。如果能遇上和我们刚好相像的人，与我们有相似的背景、兴趣和品位，那么这将是令人愉悦和快乐的。的确，人际吸引最基本的原则之一就是相似律：同性相吸（相类似的人彼此吸引）。

相似

有这样一个实验，研究者刻意安排一些社会政治观点相似或不相似的男生和女生进行盲约。学生们在学生会边喝饮料边聊天，相互了解。45 分钟的盲约之后发现，观点相似的学生比不相似的更加喜欢彼此。

另一个实验是，13 个男子挤在防空洞里，相处了 10 天，期间研究者不断地观察他们彼此之间的感情变化。结果发现能融洽相处的人都是有许多共同点的人，如果有可能，他们恨不得把那些与自己格格不入的人扔出去。

以上两个研究表明，相似是有吸引力的，相似的人更容易相处，而"性格不合"则常常作为男女分手时的经典台词。痴男怨女们初听这条理由时仍会垂死挣扎，"当初在一起时还情意绵绵地说什么性格互补，怎么一到分手就成了性格不合？"

心理学家认为性格是一个人对现实的态度以及与之相适应的习惯化的行为。性格是个性心理特征中最重要的方面，它通过人对事物的倾向性态度、意志、活动、言语等方面表现出来。

不可否认，若两个陌生人能意识到彼此的相似性，则更容易相互吸引，两者越相似越能相互吸引，产生亲密感。社会心理学家爱弥儿·柯尔（Emile Coue）等人的研究发现，一个人最好的朋友，与其在教育水平、经济条件、社会价值等方面都很相似，即所谓门当户对。这种相互吸纳、相互共生的感觉会让人们更加欣赏自己，起到正面强化的作用。相似的人容易共同组成一个群体，人们生活在这个团体中，能获得更强的安全感和归属感。

为了证实"相似性原则"的效用，美国心理学家西奥多·纽加姆（Theodore Mead Newcomb）曾做过一个著名的心理学实验。他让17名互不相识的大学生同住在一间宿舍中，对他们之间的情感变化过程，进行了长达四个月的跟踪调查。实验结果表明，在相识之初，空间距离的远近决定了被试彼此间的亲疏程度；然而，在实验的后期，那些在信念、价值观和个性品质上相似的人逐渐走近，并且在研究结束时成了形影不离的好朋友。

互补

然而，与"相似性"不同，著名心理学家卡尔·荣格（Carl Jung）认为"互补定律"也极大地影响着人际交往。他认为每个人都具有"显性"与"隐性"（影子）两种不同的人格。也就是说，一个很活泼的人可能潜藏着抑郁的一面；而一个很安静的人也可能会变得躁动不安。因此，当我们遇见一个有我们"影子性格"的人时，我们的内心会涌起兴奋的愉悦感，因为对方体现了我们所缺乏或压抑着的特质。这种心理被称为互补定律，指人在需求、性格、兴趣、能力、思想观念等方面存在差异，当双方的需要和满足途径正好互补时，彼此可能更具吸引力。这体现在亲密关系中是这样的恋人搭配，如支配型的人和服从型的人、热情健谈的人与忧郁沉静的人、脾气暴躁的人与稳重恬静的人。研究表明，互补因素能增进人际吸引，使双方的关系更为协调，能满足彼此的需求。

没有对错，只有适合

根据我开设的心理课堂多年的咨询案例来看，大体上说，选择一个与自己性格相似还是互补的人并不是爱情是否长久的决定关键，因为选择一个人只是爱情的开始，在以后的日子中彼此的相处，不断磨合与调整，不断学习与互相提升才是更重要的。

因此，我们发现"是相似的还是互补的亲密关系更适合我"这并不是多大的问题，关键还是我们决定开启一段怎样的感情，以及以后能接受什么样的恋爱生活，我们将如何满足彼此的恋爱需求。

性格相似的人相对来说会有比较稳定的恋情和生活状态，可能从谈恋爱那天起就能看到未来五年或十年的发展趋势，而不会有太大的变故或惊喜。但有的人可能无法接受这种平淡似水的状态，他们更愿意挑战反差，需要不确定性的刺激，从而确保感情能始终保持新鲜。

同样，世间并没有一劳永逸的爱情模式，就算彼此相亲相爱，这份爱情也不是高枕无忧的，爱情是一个过程，双方都要在这个过程中逐步增进了解，拉近距离，融合在彼此的生命里。毕竟于千千万万的人海里，遇到一个相爱的人，没有早一步，也没有晚一步，就是一种奇迹。

恋爱风向标

（1）有实验证明，人际吸引最基本的原则之一就是相似律：同性相吸（相类似的人彼此吸引对方）。

（2）著名心理学家荣格认为"互补定律"也极大地影响着人际交往。当我们遇见一个有着我们"影子性格"的人时，我们内心会涌起兴奋的愉悦感，因为对方体现出我们所缺乏或压抑着的特质。

（3）性格相似的人相对来说会有比较稳定的恋情和生活状态，但有的人可能无法接受这种平淡似水的状态，他们更愿意挑战反差，需要不确定性的刺激，从而确保感情能始终保持新鲜。因此，无论是相似还是互补都不是绝对的答案，自己更适合哪种类型，需要人们在不断交往中发现。

第 15 章

"爱"是一个动词

爱是一个动词，爱需要在恰当的场合用正确的方式表达，爱绝不是默默无闻，独自付出。爱的表达是建立恋爱关系的枢纽。

情感是表达爱的原则

双方的感情是表白成功的基础，因此，爱的表达的基本原则是彼此有一定的感情。那么如何才能知道对方是否对自己有好感呢?

在你向一个人表白之前,你可以回顾一下你们之间的相处。

1. 两个人在一起时,他 / 她是否表现出愉快、舒畅,并且乐意与你相处?

2. 当有其他人与你同时接触他 / 她时,他 / 她是否愿意主动接近你,更加关注你?

3. 当你向他 / 她谈起自己的理想、志趣以及对生活的看法时,他 / 她是否感兴趣并会产生共鸣?

4. 当你主动与他 / 她接近时,他 / 她的态度是否热情积极,没有表现出冷淡、消极或敷衍的情绪?

如果这几个问题的答案都是"否",就说明你们俩之间的感情还不深厚,你向他 / 她表白的时机还不成熟,所以不易操之过急。如果这几点的答案是"是",那么就表明他 / 她对你也有一定的感情,可以试一试了。

拉近"爱"的心理距离

在知晓了对方也与自己一样有好感之后,我们下一步要怎么做呢?

这时候,我们要做的就是拉近彼此之间"爱"的心理距离。

1. 单纯接触原理

有了心上人该怎么办?如何让对方也喜欢上自己?第一招就

是频繁见面。如果心上人是学校的同学，你可以想方设法地融入他/她的社交圈；如果心上人是职场的同事，你可以调整自己的上下班时间与对方一致，争取路上同行。最重要的一点就是要多见面。

虽然这一条很简单，但却很有效。因为人对多次接触的人或事物，容易产生好感，这在心理学上被称为"单纯接触原理"。美国心理学家罗伯特·扎因斯（Robert Zajonc）曾做过一个实验，他给被试看一些随机抽取的异性脸部照片，有的照片被多次展示，有的则只有一次，结果发现被试对看多了的脸更感兴趣。所以，如果有了心上人，就要尽量多地在他/她面前出现。

2. 靠近的因素

如果你喜欢上一个人，又想博得对方的好感，除了频繁见面外，最好在见面时能够缩短彼此的物理距离，经常出现在他/她身边。美国心理学家曾做过一个实验，让一位男士同时与两位女士聊天，其中一位女士距离男士只有 0.5 米，而另一位女士则距离男士 2.4 米。心理学家想借此研究距离与好感之间的联系。结果发现，男士对距离自己较近的女士更有好感，该女士也同样对这位男士产生了好感。由此可见，人对离自己近的人更容易产生好感，心理学将这种现象称为"靠近的因素"。

3. 熟知性法则

单纯只是多看几眼、距离拉近一些，就可以增进彼此之间的感情。如果能够相互了解，彼此之间的感觉将进一步加深。这在心理学上被称为"熟知性法则"。例如，一间办公室的同事，由于每天都在一起工作，彼此渐渐熟悉起来，对"他喜欢吃什么""她不擅长做什么"等都有所了解。在相互了解之后，彼此之间就很容易产生好感。

4. 自我告白

如果想拉近彼此的心理距离，还有一个方法，那就是向对方倾诉自己的秘密或谈论隐私性的话题。当对方了解了一些你从未曾向他人提及的秘密时，对方对你的亲切感会立刻升温。这种做法被称为"自我告白"。

根据心理学的研究，人们接受了他人的自我告白后，很容易对对方产生好感。如果你能够学会自我告白，不仅可以减轻自己因积压太多秘密而带来的心理压力，还能赢得别人的好感，说不准还能收获美好的爱情。

爱的表达方式

在彼此之间"爱"的心理距离被不断拉近后，我们就可以向对方表达自己的爱意了。爱的表达有多种形式，告白的正确打开方式应该是什么样子的？

接下来，我们简单地介绍几种常见的表白方式。

1. 直接式

毫无隐蔽、直接向对方表白。直接式的表达可以分为五步：第一步，不经意地叙述事实，如说"今天天气真好"之类的话，可以让双方放松心情；第二步，谈点对方感兴趣的事情，引起对方的注意与兴趣；第三步，询问对方的情况，如"你最近怎样？"向对方表达自己的关心；第四步，向对方"亮相"，谈点自己的事情，引起对方对自己的关注，为后面的表白做铺垫；第五步，表达你的爱，因为有了前面的步骤做基础，直接的表白就不会让对方措手不及。

2. 委婉式

如果不好意思直接开口，我们不妨采取委婉迂回的方式。例如，相传在一次约会中，马克思面露愁苦地说："我爱上一个姑娘，准备结婚，不知她是否同意？"燕妮大惊："你有女朋友了？""是的，认识很久了，这里有她的照片。"燕妮颤抖地打开马克思递过来的小木匣，惊呆了——原来里面放着一面镜子，镜中人就是她自己，她欣喜万分地扑向马克思。只有在具备了稳操胜券的条件下，我们才能采用这种方式。

3. 暗示式

在不少情况下，表白的人很难揣摩透对方的心思，所以为了避免尴尬常采取试探性的方式，转弯抹角、间接婉转地表达自己的感情，这就是暗示式表白。例如，向所爱的人赠送"勿忘我""红豆"。生活中更多的是通过语言暗示来求爱，如一个女子的求爱信是这样写的："听说你那边有许多红豆，你能给我捎一些来吗？盼着你的回音。"红豆是爱情的信物，这女子要的并非红豆，而是红豆所代表的爱情。她婉转地表达了爱，同时试探着对方的感情。

4. 约会式

这是人们常用的一种方法。人们可以邀请自己的心上人去看电影、逛街等，一般来说，敏感的人会从约会中觉察到爱的信号。如果第一次对方没有理解，可以同对方进行第二次、第三次约会。

上面简单介绍了几种常见的表达爱的方式，大家可以参考，但现实中并非只有这几种告白方式。大家要选择适合自己的方式，感情是告白的基础，而真诚是告白的首要前提。

你表达爱的方式，能够准确无误地传达到对方的心里并被对方所接受才是最好的、最合适的方式。以感情为基础，在逐步拉近彼此之间"爱"的心理距离后，选择适合自己的表白方式，才能让你们的感情得到升华。

恋爱风向标

（1）感情是表白的基础。当彼此感情还不够深厚时，则还不到表白的时机。爱的表达需要选择有利的时机，双方具有一定的感情基础时，大胆和直接的表白才是合适的。

（2）如果你不敢直接表达自己对对方的爱意，你可以尝试通过日常生活中的多多接触、近距离的沟通、加强对方对自己的了解以及对对方进行自我倾诉等方式拉近彼此之间的心理距离，从而增强自己对告白的信心。

（3）选择最适合自己的告白方式，确保将自己的爱准确无误地传达到对方的心里，从而增强自己被对方所接受的可能性。

第 16 章

带好你的装备

带好装备，意味着我们要在恋爱前做好充足的准备。

试着问自己：当爱情来敲门时，你的装备够用吗？别人眼中轰轰烈烈的爱情真的是你想要的吗？

当然，也有人说，恋爱是一个偶然事件，无须准备，也无法准备；因为，爱情本身就有冲动的成分。

但是，若你真的想要你的爱情开花结果，恋爱前就必须做好准备。

如何做好恋爱的准备

做好恋爱的准备，带好爱的装备，很重要的一点就是要正确认识自己。

认识自我，就是对我们的个人资源及环境资源进行分析。首先，我们来看一下个人资源。通常，个人资源包括内在资源与外在资源。

1. 内在资源

（1）自我认知

我们究竟有几个自我？

心理学中，"周哈里窗"（Johari Window）展示了关于自我认知、行为举止和他人对自己的认知之间在有意识或无意识的前提下形成的差异，由此分割为四个范畴：一是面对公众的自我塑造范畴，二是被公众获知但自我无意识的范畴，三是自我有意识在公众面前保留的范畴，四是公众及自我两者均无意识的范畴。由此，我们把人的内在也分成了四个部分。

开放我（公众我）：属于自由活动的领域，自己清楚、他人也清楚的区域。如性别、外貌、婚否、职业、工作生活所在地、能力、爱好、特长、成就等，这取决于自我心灵开放的程度、个性张扬的力度、人际交往的广度、他人的关注度、开放信息的利害关系。

盲目我（背脊我）： 属于盲目领域，别人知道而自己不知道的部分。可以是一些突出的心理特征，也可以是一些不经意的情绪流露，这与自我观察、接受回馈、自我反省的能力有关。

隐藏我（隐私我）： 属于逃避和隐藏领域，自己知道而别人不知道的部分。如不想让人知道的缺点、往事、疾患、痛苦、窃喜、愧疚、尴尬、欲望、意念等，与自身的安全感、自在感有关。

未知我（潜在我）： 属于未知领域，自己和别人都不知道的部分。如潜在的能力与才干、深层的潜意识，这部分的自我力量巨大却容易被忽视，需进行全新的尝试与探索，才能发现与挖掘。

（2）探究自我的气质类型

气质类型是对人的气质所进行的典型分类。以公元前 5 世纪古希腊医生希波克拉特的分类最为著名。他认为人体内有四种液体，即血液、黏液、黄胆汁、黑胆汁。这四种液体在人体内的比例不同，形成了气质的四种类型，即多血质、胆汁质、黏液质、抑郁质，这四种不同气质类型分别有以下特点。

多血质， 表现为活泼、敏感、好动、反应迅速、喜欢与人交往、注意力容易转移、兴趣容易变换。

胆汁质， 表现为直率、热情、精力旺盛、情绪易于冲动、心境变换剧烈。

黏液质，表现为安静、稳重、反应缓慢、沉默寡言、情绪不易外露，注意力稳定但又难以转移，善于忍耐。

抑郁质，表现为孤僻、行动迟缓、体验深刻、多愁善感、善于觉察别人不易觉察到的细小事物。

（3）确认你的爱情观

你的爱情观是什么呢？

是"愿得一人心，白首不相离"的承诺与坚守，还是"只求曾经拥有"的洒脱？

是追求"细水长流"的温暖与平静，还是渴望"山无棱，天地合，才敢与君绝"般的轰轰烈烈？

2. 外在资源

充分了解自己的内在资源后，我们接下来要了解的就是自己的外在资源。

（1）人际吸引力

这主要表现在个体的形象吸引力、才能吸引力与良好的沟通能力。

（2）社会认可度

这主要表现在事业的建立、荣誉的获得与社会价值的创造上。

3. 环境资源

除了个人资源外，每个人还具备不同的环境资源，环境资源同样对个体的恋爱有着重要影响。个人特有的环境资源通常包括：父母资源、师长资源以及朋友资源。

（1）父母资源

这是指父母的感情或婚姻状态、精神状态以及处理感情冲突的方法。父母在婚姻关系中的状态，在很大程度上影响着个人后天的恋爱选择及恋爱状态。

（2）师长资源

师长们往往人生经历丰富、理性程度较高、阅人层次更深。师长通常比我们拥有更多的经验与阅历，在开始一段恋爱之前，不妨先听一听他们的意见，以减少个人在面对感情时的冲动，更理智地对待自己的情感。

（3）朋友资源

朋友们可以给我们带来多方位的观察、更多的参考性建议及人际关系的满足度。"旁观者清，当局者迷"，朋友作为一个旁观者的角色，能够为我们提供更多的参考意见。

为爱准备，让爱走得更远——成为更好的自己

高晓松在谈"什么是最好的感情"时说道："什么是最好的感情？让我们都成为更好的自己，这是最重要的。什么是更好的

自己？就是纯良的自己、诚恳的自己、磊落的自己，这个是人生中最重要的，而不是谈恋爱。我们各自成为更好的自己，那才是一段最好的感情。"

恋爱并非人生中最重要的事，但恋爱一定是人生中重要的事。

恋爱风向标

（1）恋爱需要做好准备，很重要的一点就是要正确认识自己，对自己的优势与不足有一个清楚的认知。

（2）认识内在的自我可以从自我认知、气质类型以及爱情观的角度着手。

（3）充分了解自己的内在资料后，我们接下来要界定的就是自己的外在资源。我们可以从自身的人际吸引力、社会认可度以及所具备的各种环境资源着手。

第 17 章

吵架是一门艺术

恋 爱中的双方，总会按照对方的期望行事吗？

答案显然是否定的。

我们很难想象亲密关系中的两个人之间从来没有摩擦，也很难想象伴侣们的愿望、观点和行动永远和谐、无矛盾。

无论两个人多么关心彼此，多么和谐，总会发生分歧和争执，并且相处了一段时间后，双方要协调的事情就会越来越广泛，冲突就会越来越多。

恋爱中双方的冲突往往以争吵的形式体现，伴侣双方应对冲突的方式要么会促进彼此的感情，要么会侵蚀彼此之间的信任和尊重。

吵架是一门艺术，若不能掌握其中技巧，恋爱双方的感情就会在争吵中消耗殆尽。

恋爱中的双方如何获得吵架的正面效应

每当个体的动机、目标、信念、观点或行为妨碍别人时，就会与别人产生矛盾，发生人际冲突。冲突产生于差异，即可能表现为一时的情绪，也可能表现为持久的信念和人格。人与人之间总在很多方面存在差异。但是我们在这里更愿意把冲突定义为主动地干预他人：当个体的愿望或行动实际上妨碍或阻止了其他人时就会发生冲突。

1. 明确争吵是不可避免的

任何两个人在情绪和偏好上都会存在大大小小的差异。伴侣双方的目标和行为不可避免地会出现时断时续的对立。例如，即使夫妻双方都是很外向、很喜欢社交的人，但是可能终有一天其中一方会因为工作或其他原因不再继续采用与人交往的旧有方式，对此另一方就会失望。

冲突不可避免是因为在亲密关系中交织着一定的张力，他们迟早会引发双方的紧张情绪。当人们投身于亲密关系时，他们经常会体验到对立而统一的动机。这些动机从来不会被全部满足，因为它们有时会彼此矛盾。每对情侣都可能会在相反的目标追求之间摇摆不定，双方各自主导的个人动机之间出现偶尔的冲突也就在所难免。

2. 了解影响争吵频率的因素

（1）**人格**。高神经质的人与低神经质的人相比，容易冲动和发怒，容易与他人发生更多的争执。相比之下，随和性高的人温厚善良，具有合作精神，通常容易相处，他们的人际冲突可能很少，因为他们容易妥协，如果发生了人际冲突，他们比随和性低的人更能做出建设性的反应。

（2）**依恋类型**。前面讲过依恋理论，这里也可以用到。其中高忧虑被弃者一般会过度担忧伴侣离开自己，并且他们认为在亲密关系中有着更多的冲突（可能是因为他们紧张地预期了最糟糕的结果），而更安全的伴侣就不会这样。此外，当冲突发生时，他们认为冲突对亲密关系造成的损害要比伴侣认为的更严重。依恋焦虑显然会导致人们觉知到根本不存在的危险和威胁，然而更严重的情况是，他们的忧虑会逐渐导致他们所恐惧的争执和紧张的出现。

（3）**生命阶段**。年轻情侣还不定性，冲突多与他们当下的人生规划及感情有关；中年夫妻的两大冲突来源是孩子和金钱；而60多岁的老年夫妻在许多敏感问题上比中年夫妻的分歧少得多，关系更为平静。

（4）相似性。 冲突起源于不一致，所以，恋人相似度越低，他们体验到的冲突就越多，这一点并不奇怪。人们结婚后这一模式还会继续；有着类似品位和期望的夫妻比那些共同点很少的夫妻所遭遇到的冲突更少，婚姻生活也更幸福。的确，那些坚持认为"相异相吸"的人可能会遭遇一些重大的教训，只要他们与差异显著的人生活在一起，相异性就会增加摩擦，而不会让关系一帆风顺。

争吵发生时，怎么做更好

1. 精确表述

那些批评伴侣人格和品德的人是在贬低伴侣，这往往是小题大做，把小问题看成严重、不容易解决的难题。此时，若双方能尽可能清楚、详细、具体地指出惹怒我们的特定行为，伴侣之间的沟通就会变得明智、准确。这种方法就是行为描述，这样做不仅能够告诉伴侣自己的想法，还能把谈话重点集中在待处理的、单独的某个行为上，而行为比人格更容易改变。

例如，我们应该用第一人称表述自己的感受，第一人称的句子以"我"开头，然后描述自己的情感反应，这种句式驱使我们能够辨识自己的情绪，对伴侣双方都有好处。因而，我们可以说"我现在感到非常生气"，而不要说"你惹怒我了"。

2. 守礼而镇定

伴侣在争吵的初级阶段化解矛盾是非常有益的，但是当冲突升级时，处理起来就不大容易了。一旦人们变得愤怒，头脑里就根本想不到运用什么技巧。处在"痛恨伴侣，想要报复，感到心被刺痛而想要反击"的心理状态时，人们就很难做到用第一人称来表述感受。

因而，在被伴侣激怒的时候应该保持清醒，在开始生气的时候冷静下来，都是非常可贵的技巧。如果你把愤怒诠释为只是思考问题的另一种方式，你的沟通就会更好。当然，人在被激怒的时候很难保持平静和镇定。所以只要有可能就应该事先与伴侣彼此以礼相待，这也是减少冲突的好方法。你或许愿意和伴侣定期地谈一谈平日里的一些小矛盾，那么就不会有积少成多的问题，而且随时沟通，随时处理小问题，会使你们更能轻松愉快地相处。

3. 积极倾听

在争吵中，我们要学会接收他人的信息：第一个是准确地理解对方话语所表达的意思，第二个是要向对方传达关注和理解。这两个任务可以通过复述接收到的信息来完成，即用自己的话重复对方的意思，让信息的传递者有机会肯定那就是他想要表达的意思。

4. 尊重和确认的力量

化争吵为良好的沟通，有意识地努力传递清晰、直接的信息，认真倾听，即使出现争执仍然保持礼貌和克制，等等。但最关键的要素是明确地表现出我们对伴侣观点的关心和尊重。我们也期望自己能从亲密伴侣那里获得这样的关心和尊重。如果人们认为伴侣不尊重自己，就会产生苦恼和憎恨。所以，对伴侣的确认，即承认他们观点的合理性，表达对他们立场的尊重，一直是亲密交往中要重点关注的。确认这件事并不需要你和伴侣的观点一致，即使与伴侣的观点相左，你也能对其表示出适当的尊重和认可。

恋爱风向标

（1）对于恋爱中的双方而言，吵架是不可避免的，因此我们需要接受这一行为，并主动了解双方产生争吵的原因与影响因素。

（2）既然无法避免争吵，那么就需要积极地去应对吵架这件事，争吵发生时，恋爱双方要做到精确表述、守礼而镇定、积极倾听以及表达对对方的尊重与认可。

第 18 章

恋爱中的晕轮效应

当你爱上一个人的时候，你会觉得他的一举一动都充满智慧和魅力，而在进一步相处之后，你可能会发现对于很多情况自己已有了不同的看法。因为，在恋爱之初，我们总会觉得对方的一切都是完美的，或许只因对方的外表就认为他／她是自己的理想伴侣，而很难察觉对方身上的缺点，一厢情愿地认为他／她的一切都是好的，做的事都是对的，纵然别人替你指出了对方的缺点，你可能也会觉得无所谓。你有过这样的感受吗？这就是爱情中的晕轮效应。

晕轮效应最早是由美国著名心理学家爱德华·桑戴克（Edward Thorndike）于 20 世纪 20 年代提出的。他认为，人们对人的认知和判断往往是只从局部出发而得出的所谓的整体印象，即人常常会以偏概全。在这种心理作用的影响下，人们在与人交往的过程中，常常会从对方所具有的某个特质泛化到其身上的其他方面，以为对方的其他方面都像自己看到的那一面一样。

"晕轮效应"会扩大一个人的缺点或者优点，因此，你在对某个人有好感后，就很难感觉到他有缺点存在；你在不喜欢某人时，就很难看到他的优点，从而觉得他一无是处。心理学家 K. 戴恩（K. Dion）做过一个这样的实验。他让被试看一些照片，照片上的人有的很有魅力，有的无魅力，有的魅力中等。然后让被试在与魅力无关的特点方面评定这些人。结果表明，被试对有魅力的人比对无魅力的人赋予了更多理想的人格特征，如和蔼、沉着、好交际等。

晕轮效应的产生

那么，"晕轮效应"是怎么出现在我们的大脑中的呢？我们形成晕轮效应的感觉就是我们常说的直觉。直觉是右脑的功能，是人潜意识的门户。例如，一个男生看见一个女生，一见钟情，这种感觉几乎没有来自左脑理性的依据，只是对对方的外貌、气质、声音、装束等外在特征形成了这种感觉，这种感觉就是直觉。恋爱中的"晕轮效应"也会受到以前生活经验和情绪的影响，产生一种心理定式，歪曲人们的认知，使人们看不到客观而真实的世界。例如，在日常生活中，我们也常常会因为"头发长，见识短"这些话，歧视女性；还会因为"无商不奸"的说法，对商人持负面看法。

许多婚恋专家对这种晕轮效应进行了研究发现，当伴侣们初次见面的时候，他们凭自己的直觉认为"自己已经喜欢上了那个人"之后，就会给对方身上的优点寻找种种理由。通过找出足够的理由，使自己的直觉"正当化"，这样人们就会更加确信那个人就是自己心中所向往的对象。通俗来说，在恋爱过程中人们容易彼此产生晕轮效应心理，即人们通常所说的"情人眼里出西施"。恋人们被光晕所笼罩，彼此的许多不足与缺点被忽略、掩饰，妨碍了双方对彼此形成正确而深刻的了解。把对方理想化、完美化、偶像化，而对对方的弱点、缺陷却视而不见，对其评价以主观色彩掩盖了客观现实性。在此种心理基础上建立的恋爱关系，随着时间的推移，其中的情感光晕会消失，感情冲动会逐渐平静，恋人们便会发现自己崇拜的人其实并不完美，缺点很多，此时人在心理上可能就会产生一种"受骗"的感觉，这甚至会造成日后的爱情悲剧。

晕轮效应的负面影响

　　"晕轮效应"会扩大一个人的缺点或者优点。晕轮效应可能会使伴侣中的一方产生爱屋及乌的强烈感觉，就像光晕一样，向四周弥漫、扩散。随着伴侣之间相处的时间变长，彼此的缺点就会被发现，一旦没有了光晕，伴侣就会对彼此感到失望，继而可能会产生矛盾。

　　俄国著名的大文豪亚历山大·普希金曾因晕轮效应的作用大吃苦头。他狂热地爱上了被称为"莫斯科第一美人"的娜坦丽，并且和她结了婚。娜坦丽容貌惊人，但与普希金志不同道不合。当普希金每次把写好的诗读给她听时，她总是捂着耳朵说："不要听！不要听！"她总是要普希金陪她游乐，出席一些豪华的晚会、舞会，普希金为此丢下了创作，弄得债台高筑，最后还为她决斗而死，一颗文学巨星过早地陨落。在普希金看来，漂亮的娜坦丽也必然有非凡的智慧和高贵的品格，然而事实并非如此。对此，当下最典型的例子就是当我们看到某个明星在媒体上爆出一些丑闻时总是很惊讶，而事实上这个明星在我们心中的形象根本就是他/她在银幕或媒体上展现给我们的那圈"光晕"，对于他/她的真实人格，我们是不得而知的。

如何克服晕轮效应的消极影响

晕轮效应会给恋爱中的男女带来许多负面影响，它总是使我们一叶障目，无法真正地认清事物的好坏真假，也容易使我们被人利用。所以，我们在社交过程中，"害人之心不可有，防人之心不可无"，要时刻警惕，不能被表象所蒙蔽。

在面对恋爱中的晕轮效应时，大家不妨尝试一下以下的建议，理性应对日常生活中和恋爱中晕轮效应的负面影响，分辨对方身上的优缺点。

1. 客观对待第一印象

先入为主的第一印象往往会影响我们对日后信息的判断，故我们在思想上应时刻有改变甚至否定第一印象的心理准备。同时，不要过早地给对方做出评价，要尽可能地与对方多交往，促进对彼此的深入了解。

2. 注意"投射倾向"

把自己的某些心理特点附加给对方的现象，即"投射倾向"。这种倾向往往是不自觉的，一旦我们不加注意，没有清醒地、理智地进行自我反思，我们就很可能会产生偏见。

3. "当局者迷，旁观者清"

要想真实、准确地评价一个人，我们应综合考虑各方面的因素，参考他人的意见，避免个人主观的判断失误。热恋期间，我们要尽量保持理智和清醒，理智地分析对方的行为以及其中的含义，从行为特点分析其性格特征，以避免一叶障目。

4. 避免"循环证实"

心理学研究证明，一个人对他人的偏见，常会得到自动的证实。由于一方感情的偏失导致对方的偏失，反过来又加强了一方偏失的程度。在对某人怀有成见时，我们应自觉检讨自己的态度与行为，自觉走出晕轮效应的迷宫。

热恋中的男女会对恋人产生一种"心理上的偏袒"，从而导致一叶障目。要克服这种心理效应的消极影响，就需要保持清醒的头脑，不要一味地赞同别人的观点，要经常进行理智的自我反思，注重理解对方的心理、行为等深层含义，做出客观的判断。

亲爱的你，当你对一个人一见钟情的时候，千万不要被恋爱的感觉冲昏了头脑。当你过于沉迷的时候，摇摇头，让自己重回清醒，客观理性地分析这个人到底是不是你所喜欢的，抛开他 / 她那个让你最喜欢的优点，看看自己到底还喜欢他 / 她什么，不要迷失。

恋爱风向标

（*1*）"晕轮效应"这一心理现象在恋爱中是非常常见的，尤其是热恋中的男女，会对恋人产生一种"心理上的偏袒"，从而导致一叶障目。

（*2*）"晕轮效应"会扩大一个人的缺点或者优点，因此，当你对某个人有好感时，你就很难感觉到他有缺点存在；当你不喜欢某人时，就很难看到他的优点，从而觉得他一无是处。

（*3*）爱情中一定要避免"晕轮效应"，在恋爱中，一定要保持清醒的头脑，理智地看待周围的人和事，才能做出客观而正确的判断。

第 19 章

看穿恋爱中的谎言

前段时间，我有一个学生和他的女朋友闹分手，原因是他对女朋友说自己要出去聚会，并且特意强调在场的全是男生。但是聚会快结束时他偶遇了自己的女朋友，被撞见和他一起聚会的除了男生还有几个女生。他的女朋友特别生气地对他说："你出去聚会有女生在场，其实没关系，但是我不能接受你骗我！而且这有什么可撒谎的啊？"

这种现象在恋爱中很常见，其实我们作为旁观者也能理解这个学生，他撒谎只是为了避免解释的麻烦，但没想到造成了更大的麻烦。而站在其女朋友的角度，她的气愤也事出有因，因为很多人都坦言自己在感情中最无法忍受的行为就是说谎。于他们而言，坦诚是维持一段亲密关系的底线。

人们对自己的伙伴会说谎，特别是涉及损害自己的名声或者彼此关系的话题时，更有可能说谎，而且面对自己最亲密的伴侣时人们更容易说谎。

有学者做过这样一个实验，调查人的一生中哪个阶段说谎最多，结果发现，恋爱中的男女最爱说谎。说谎是恋爱关系中的不速之客，会影响恋人之间的亲密关系。在亲密关系中，彼此间的诚实、信任及自我表露程度对于双方关系的维持都起着至关重要的作用，可是人们往往会有意地向对方隐瞒一些真实情况，期望对方对自己的好感可以因此一直持续下去，从而维持彼此间的亲密关系。

谎言有善有恶

尽管人们所做的最大欺骗往往更多地发生在自己的亲密关系中，但是，与对一般的熟人或陌生人相比，人们较少对自己的恋人说自私的谎言，而是经常会说一些善意的谎言。当然，恋人间的谎言也存在两种形式——善意的谎言和恶意的谎言。

恋爱中善意的谎言，是指恋人一方向另一方说谎的目的是为了维持这种恋爱关系。可是说谎人的出发点又分为好意的和恶意的。说谎人是出于为对方考虑的目的，认为谎言对恋人有益，有利于彼此关系的稳定，并且事实上也的确不会给对方造成伤害的，这是善意的谎言；而说谎人如果是出于为自己的利益考虑而故意欺瞒对方，并且给对方带来了伤害，这种谎言则是恶意的谎言。研究显示，恶意的谎言的确会给恋人彼此间的关系造成严重的伤害，尤其会有损彼此的信任以及幸福感，甚至会损害恋爱关系。

谎言的善意与恶意的动机不同，如果谎言是为了自己，例如，避免尴尬、内疚、不便，或者为了寻求赞同、物质利益，并且会伤害到他人的感情或利益，这就属于恶意的谎言。而在亲密关系中，人们利己的谎言会减少，更多的谎言是出于对双方关系的考虑，例如，为了避免冲突，以维护两人的关系；为了增强彼此之间的吸引力，夸大自己的优势；认为自己没有满足对方的期望，便通过说谎来创造一个可以被对方接纳的"事实"，等等。

亲密的依恋关系必须以真诚和信任为基础，这就像银行一样，信任透支只会导致个人信誉度下降，说什么都像在撒谎。很多男人对妻子撒谎不过是想减少矛盾，避免争吵，保持和谐。然而，谎言真的可以息事宁人、避免争吵、让伴侣之间的关系更和谐吗？这个问题并没有确切的答案。因为持续不断的撒谎，即使全是善意，也同样会损害伴侣之间的关系，甚至让关系瓦解。因此，我们不认可伴侣出于善意的谎言就一定是好的。但不可否认的是，并非所有的谎言都值得你伤心失望，甚至大发雷霆；并非所有的谎言，都值得你怀疑伴侣对你的爱是否真诚，从此不再信任。关于恋爱中的谎言，大众对善意谎言的评价普遍高于对恶意谎言的评价，人们也可以原谅一些善意的谎言。

察觉你的他/她是否在说谎

有些谎言最好不要揭穿它，因为撒这样的谎并不意味着不诚实，反而是在渴求被爱，表达一种诚恳——我很在意你的感受，我希望可以多接近你，我不想你生气……

但是，有些谎言却需要被我们识破。那么在日常生活中，我们怎么敏锐地发现对方在说谎呢？

事实上，一个人是否在说谎的迹象可能会有较大的个体差异。人们的习惯与风格是有很大差别的，有些人说谎时会吞吞吐吐，而另一些人则会显得异常肯定；有些人说话的时候喜欢目光接触，而另一些人则很少看向别人的眼睛。如果他们这些惯常的行为方式改变了，那么通常就可以表明其在撒谎。除此以外，在交往的过程中，随着欺骗者不断调整自己的行为，会逐渐适应接受者的反应，其欺骗行为可能会发生变化。欺骗性的交往时间越长，一个人的说谎就变得越不明显。所以说，识破对方谎言的概率也是很低的。

亲密的情侣之间对彼此都很了解，能够对彼此的行为做出敏锐的判断，而且他们也很信任彼此，这样，他们之间就会产生

"真相偏见"。这意味着有时人们认为伴侣是诚实的，但事实上另一方却是在说谎。

有一项研究发现，随着男女之间关系的发展，女性其实更擅长发现伴侣之间的欺骗行为，因为女性更有能力理解那些非语言的行为。但是，从另一个角度来讲，女性更容易相信别人，她们在很多时候不会相信对方是在欺骗她。

恋爱中的恶意谎言

在生活中，你有没有遇到或者听过这样的故事：有人对女友说："我很喜欢你，但我妈妈不会喜欢你的，所以我们在一起的事不要让别人知道，好吗？"有人称自己离婚了，却怎么也不肯把离婚证给新的恋人看，可能会说离婚证丢了，找不到了。

这些例子都体现了恋爱中的恶意谎言：凡事动机都是为了占有，却又不想真的负责。

当作为局中人时，我们会因为爱而看不出这些谎言背后的真相，但是旁观者却很清楚——这些谎言，你不识破，等待你的只有伤心。

有人脚踏两只船，却骗对方说：经常在一起的那个异性仅仅是普通朋友或同事；有人沉迷于赌博，却骗自己的恋人说亲戚病重，需要很多钱；有人嘴上认错，但行动依旧，仍旧欺骗与伤害他人……

这就是恋爱中的恶意谎言的另一种形式：隐藏着明确的目的性。

对于这样的谎言，你一旦将其识破，就要坚决离去。对方的欺骗就是有目的的伤害，此时最好的处理方法就是别为这样的人浪费时间，不如潇洒地拂袖而去。

上面介绍的仅仅是恶意谎言的两种常见形式，其他的就需要我们在恋爱中睁大眼睛去识破。恶意的谎言往往意味着说谎者在这段恋情中不再坚定地爱。当你遇到了，就要让自己正视现实，不要自我欺骗。虽然对自己的谎言可以缓解一时的伤心，却会变成上瘾的毒药。还是应接受现实、重新启程。恶意的谎言一点都不可爱，它们本身就是一种暗示，暗示这个人根本就不值得爱，不值得再多花一秒的时间。

毫无疑问，我们都希望自己赋予了爱与信任的那个人能与我们坦诚相待；我们也相信，良好的亲密关系应该是坦诚的、彼此信任的。但是恋爱中的谎言却是不可避免的。亲密关系中的谎言，有的是为了开脱自己，有的是为了隐瞒真相，有的是为了被爱，有的是为了占有……动机不同，决定了我们是要睁眼对待还是闭眼对待。90%的甜言蜜语都不是真的，但你愿意相信；而有些小谎言是为了爱你，却成为不被饶恕的欺骗；有些谎言需要时间证明它的善意，而有些谎言则需要隐瞒一辈子……我们要想在与谎言过招时变成一个智者，就要好好审视那些谎言的动机，而不是谎言本身。

恋爱风向标

（1）在恋爱中，说谎是一种常态。

（2）恋爱中的谎言有善有恶，善意的谎言是为了彼此的关系更加亲密，而恶意的谎言则是为了自身的利益。

（3）恋爱中，我们一方面要判断对方是否说谎，另一方面更要识破恶意的谎言。

第 20 章

爱情中有一种猛兽叫"嫉妒"

有调查显示，恋爱中的男女认为对方爱自己最明显的表现就是与其他异性保持距离。关于"男朋友帮别的女生拎行李""女朋友帮别的男生带饭"这样的话题每次拿出来都能引起热烈的讨论。网上有这样一个段子：一对情侣去看电影，男孩旁边的一位女生请男孩帮她拧开水瓶，而男孩的女朋友就一直盯着男孩。于是，男孩把手插进裤袋，对那个女生说："对不起，我是残疾人。"用大家经常说的一句话来评价这个男生的行为，就是"求生欲很强"。而这些现象都指向了一个问题——爱情，仿佛是排他的，情侣在一段感情中往往想通过独占来寻求安全感。

换言之，我们心中的爱情原本应该是成双成对的关系，是排他的，因此，当这段关系中出现第三个人的时候，恋爱中的一方就会感觉到威胁与不安，而这种不安的来源就是赤裸裸的嫉妒心理。

嫉妒，是爱情中普遍的体验

嫉妒是人际交往中普遍存在的一种情绪，在现实生活中，每个人一定都体验过不同程度的由嫉妒带来的体验。小时候的你希望能够独自拥有父母的关爱，于是当父母对其他孩子稍好一点时，你就会感到很不舒服，甚至会对那个孩子产生敌意，然后想尽办法把父母的关注与爱护抢回来。这种不舒服就是嫉妒。而在一段亲密关系中，嫉妒会表现得更加突出。正如圣·奥古斯丁（Saint Augustinus）所说："没有嫉妒就没有爱情。"

亲密关系中的嫉妒主要体现为个人对爱情的排他性，其根源在于恋爱中的一方认为伴侣应该是自己的私有资源，并对此予以情绪与行动上的"暴力"保护。在一段亲密关系中，伴侣是一种独占性的人际资源，能够给我们提供爱和关心等精神滋养和物质供给，一旦有第三者出现，我们自然会生出警觉心。而我们第一时间的反应就是维护自己的利益，不允许伴侣不专注，也不允许第三者从中作梗，极力保护自己的爱情。

嫉妒的人在亲密关系中的所作所为，不再是为了伴侣的幸福快乐，而是为了一己的私欲能够持续下去，把伴侣当成私有物来管理和限制。

嫉妒在爱情中更为通俗的说法是"吃醋"。吃醋的时候，情绪体验是既羡慕又充满敌意的。如果伴侣没有履行对双方关系的承诺，另一方就会受伤害，甚至因想象自己被抛弃而产生一种焦虑感。从这里可以看出，嫉妒是一种消极的情绪，这种情绪来自人们所珍视的物品或情感被现实中的或想象中的对手夺走。嫉妒有三种典型的情绪，其一是伤害，其二是愤怒，其三是恐惧。在恋爱中，因为爱，我们会不自觉地变得谦卑。相比之下，嫉妒是伤害、愤怒、恐惧交织在一起的心态，源于担心失去自己所拥有的东西，或失去自己不想放弃的关系。

爱情因何而嫉妒

爱情具有排他性，爱情中的双方是相爱的，关系非常亲密，会视对方为中心，认为对方心里就不应该再容纳其他人。一旦一方觉得另一方对其他异性表现出好感，嫉妒就产生了。例如，你看到自己的爱人与陌生异性谈笑风生、爱人接异性电话时回避你、爱人当着你的面赞美其他异性时，你自然会觉得你们的爱情被其他人侵犯了，这时的你就有可能产生一种嫉妒心理。

嫉妒的分类

嫉妒的类型主要分为两种，即反应性嫉妒和怀疑性嫉妒。

反应性嫉妒，指的是当情侣察觉到彼此之间所珍视的关系受到威胁时，或者亲密关系出现危机时而产生的嫉妒心理。这种威胁可能并不仅仅发生在现在，还可以发生在过去，也可以是在不久的将来发生，这种嫉妒是时常发生的。在对美国的 700 名大学生的调查中，其中三分之二的男性和一半的女性都承认自己在热恋的过程中曾经和其他异性发生过亲密接触，而且其中有些人不只有一次。

怀疑性嫉妒，相比反应性嫉妒，是一种不可取的嫉妒。这种猜疑是不符合事实的。当你产生怀疑性嫉妒时，就会产生忧虑和猜疑，这些心理会使你窥探对方的隐私，希望在窥探的过程中获得一些有利于你证实自己怀疑的证据。例如，爱人晚回家是因为加班，而你会猜测对方是不是去约会了；你以为爱人身边的异性是第三者，实际上只是对方的亲戚。总体来说，这种嫉妒是令人很不快的，让人坐立不安的，并且伴随着伤害、愤怒与恐惧。在极端的嫉妒心理支配下，人往往会做出一些不利于亲密关系的举动，例如，翻查对方的手机、盘问事情的来龙去脉、用各种方式限制对方的人身自由、跟踪，甚至出现暴力行为，如家庭暴力、对第三者的暴力。这样的嫉妒带来的人际危害是相当大的。这种怀疑性嫉妒特别容易发生在缺乏安全感和信任感的情侣中。

我们要学会区分这两种嫉妒。当我们发现情侣背叛我们时，我们都会非常气愤，这种气愤可能会延续很长时间。此时，这种反应性嫉妒就会转变为怀疑性嫉妒，具有危害性。例如，你之前知道自己的伴侣在和自己热恋的过程中曾有一些出轨的行为，那么在后来的相处中，你就会缺乏安全感，也会变得很敏感；一旦对方有什么变化，你就会觉得其是不是出轨了，从而对其进行盘问、窥探等，这些行为就会使情侣之间的亲密关系逐渐变得疏远与冷漠。

嫉妒是一把双刃剑

虽然嫉妒是一种负面的情绪感受，这种情感不管是在情侣间还是亲人、同学、朋友之间都是常见的，但嫉妒造成的也并不都是负面影响。在对 1945 年至 1985 年的杂志文章所做的分析表明，在 20 世纪五六十年代，嫉妒经常被看作是爱情的见证，有利于伴侣之间的关系。如果你在一段关系中从未吃过醋，这可能意味着你并不那么在意对方。而到了 20 世纪七八十年代，这种观点已经发生了转变，人们开始将嫉妒看作一种不健康的心理状态，一种心中缺乏安全感的表现。如今，人们对于嫉妒的看法则比较全面，认为嫉妒是一把"双刃剑"，一方面有利于爱情的表达，另一方面会伤害亲密的关系。所以，我们应该学会去把握嫉妒，学会如何适当地"嫉妒"，以增进亲密伴侣之间的感情。

如何处理好情侣之间的"嫉妒"

爱情，本应该是自由的。恋人彼此相互依赖，却也应拥有属于自己的空间。正如著名心理学家弗洛姆说的那样：以一种侧重占有的生存方式所体验到的爱，是对"爱"的对象的限制、束缚和控制。这种爱情只会扼杀感情、令人窒息、使人变得麻木，只会毁灭而不是促进人的生命力。

换言之，我们要还爱情以自由。在一段亲密关系中，我们会拥有恋人的格外关注，但是嫉妒却会把这份拥有变为占有，想让恋人成为自己的私有物，这样的爱情就是剥夺自由，也失去了爱情本身所应该具有的创造力。在嫉妒情绪的支配下，你想要你的恋人一个人给你提供所有人际交往的养分，同时也希望对方只从你一个人身上获得所有的情感满足，这显然是与现实相悖的。因为，除了爱情，每个人都需要具有其他的情感，从而与其他人保持基本的社交，除了从你这里获得认同和爱之外，也需要其他人的赞赏。

因此，你要正确对待自己的嫉妒心理，不要因为自己的嫉妒而妨碍恋人心灵的正常呼吸。或许一些嫉妒的小情绪无伤大雅，但是注意不要让嫉妒捆绑了你们的关系。如果你不想被嫉妒所操纵，可以尝试如下改变。

1. 要控制嫉妒心理，必须要用平等的态度对待爱人，尊重对方的人格和自由，减少对伴侣的无故猜忌和伤害。

2. 爱情中自私的成分越多，嫉妒就表现得越强烈，破除自私和独占的想法，不要把爱人当成自己的附属品看待，从而避免无辜的伤害。

3. 面对嫉妒，直接向爱人表达自己的忧虑和恐惧，不要把嫉妒藏在心里发酵，而是和爱人一起探讨嫉妒所产生的问题，以排除亲密关系中的危机。

4. 停止责怪和羞愧。当亲密关系中的一方开始产生嫉妒后，双方就会陷入激烈控诉与防卫辩护的循环中。如果要打破这种循环，就需要控诉的一方停止责怪，辩护的一方抛弃羞愧。

两个人的相处原本就是很复杂的，这个过程需要恋爱双方一起去磨合和探索。健康的爱情不仅要有亲密，也要有相互独立与尊重的关系；彼此之间不仅要相互依靠，也需要给彼此自由，让双方都拥有属于自己的空间。当然，在某些原则性问题上要坚持，不能因为嫉妒而失去自我。对于嫉妒问题也要多去讨论，如彼此的原则与感受。

亲爱的你，一定要知道嫉妒的产生并不可怕，要善于用嫉妒来改善亲密关系。但若不克制过分的嫉妒，我们就有可能把爱人从自己身边赶跑。不要让嫉妒成为破坏爱情的猛兽。

恋爱风向标

（1）在亲密关系中，嫉妒也就是我们通常所说的"吃醋"，是一种自己的亲密关系被真实或假想的情敌威胁之后产生的情感反应。

（2）嫉妒是一种令人痛苦的情绪，而且大多数人并不想承认自己正在经受这种情绪。但嫉妒也有一定的积极意义，它可以成为一段亲密关系的催化剂。

（3）嫉妒可以是一种健康的情绪，也可以是一头破坏爱情的猛兽。它是一种同时具有建设性和毁灭性的力量，我们要学会运用这种力量来增强亲密关系。

（4）不要让嫉妒捆绑自己与恋人之间的关系，要给爱情以自由。

第 21 章

相爱容易相处难

在恋爱中，我们很容易发现这样一个现象：当初女生被男生的温柔所吸引，相处一段时间后又抱怨男生缺乏男子汉气概；当初一方为另一方的忠厚朴实所倾心，相处后又嫌弃另一方不懂浪漫，等等。诸如此类的情况数不胜数。有过恋爱经历的男女都有过这样的体会：恋人之间还是刚认识的时候最好，我们在爱上对方的那一刻，都希望这种感觉能够一直持续下去，可是之后的每一天，这种感觉都在一点点消失，甚至从无话不说到无话可说。童话故事总是以"他们从此幸福地生活在一起"结束,然而,"在一起"之后的故事才是真正的难题。太多的感情都是以"山盟海誓"开始,以"给你脸色看"结束。

总而言之,相爱容易相处太难。

相爱容易、相处不易的原因

太多的感情都始于相互吸引。初遇时,男女之间强烈的相互吸引是相爱的前提。导致恋人间的强烈吸引的原因之一就是为了追寻完整的自我。

心理学认为,每个人都具有"显性"与"隐性"(或称"影子")人格。换言之,每个人除了会表现出众人所见的"显性人格"外,还有一个正好相反、潜藏心底的"影子人格"。举例而言,一个很活泼的人实际潜藏着很抑郁的一面,而另一个很安静的人,很可能在另一种陌生的环境下会变得躁动不安。心理学理论认为,"分析型"的人的影子人格是"感觉型",因为"分析型"的人重视逻辑思考与客观评断;但是当他在强调与表现"理性"时,便不知不觉地把自己细腻多情的"感性"人格压抑到了潜意识深处,将其变成了隐性的"影子人格"。

于是,当一个人遇见一位具备自己"影子人格"的异性时,心中常会有欢喜雀跃的感觉,因为对方表现出自己所缺乏(或已被压抑)的人格特质。有时恋爱双方是性格互补的,就是这个原因。一个沉默的人遇到一个活泼的人，往往是他的"影子人格"见到了阳光、受到了感召，因此变得极为愉快，受桎梏的心灵也得以自由释放。

这种异性相吸、"影子人格"和"显性人格"整合互补的过程，将逐渐发展出一个较完全、较成熟的人格，这个过程也被心理学家称为对"完整自我"的追寻。

可是，追寻完整的自我的过程是爱情中痛苦的磨合过程。当恋人间彼此相互吸引，想要进一步发展亲密关系时，却发现在这个世界上，相处得舒服且久处不厌太难。

当我们与具有自己"影子人格"的异性结合时会迸发出爱情，同时这种结合要经历痛苦的磨合。在所谓的磨合中，过去对方最吸引我们的特质，现在却成了让我们最受不了的地方。如果过去你爱上的是他的温柔，那么现在你很可能会抱怨他缺乏男子气概；如果过去你爱上的是她的活泼，那么现在很可能会觉得她"啰唆""幼稚"。

进入恋爱阶段的时候，你觉得自己遇到了世界上最好的人；可到了磨合阶段，你发现了对方无数的缺点，开始抱怨、不满。因为在这个阶段，我们都想努力改造对方，让对方变成自己想象中的完美之人，于是痛苦也由此产生。甚至有很多恋人走不过这个磨合期，彼此之间的感情最终以痛苦收尾。

相处顺利的润滑剂

心理学认为，感情相处顺利的一个前提是放弃使对方变成完美之人的幻想，不要只关注对方是否为你改变，而是要回头重新专注于自己"显性"与"隐性"人格的整合与成长，专注于扩展自身的"影子人格"。当你放弃改变对方的时候，你实际上也在学习拓展自己的"影子人格"。有意思的是，往往一对感情好的伴侣，当一个人放弃改变另一个人时，另一个人竟然也会越来越被影响，不知不觉中两个人变得越来越像。这也是大家所熟知的，为何两个人在一起生活得越久会变得越像的一个很重要的原因。

换言之，若我爱的你已不同于最初，不妨变换一下位置，看看自己是否还是如初始的样子。从自身出发，行动起来，让彼此的感情更美好。

世界上的所有久处不厌，都是因为一直在用心

恋爱好比一场马拉松比赛，开始时精力充沛，有经验的选手能够把握跑步的节奏，而没有经验的选手则会随着比赛的进行越来越体力不支。此时，所有的慌张都徒劳无益，过度地关注他人更是会浪费自己的精力，唯一能做的就是用心调整自己的节奏，从而顺利到达终点。恋爱的过程也是如此，尽自己所能，从自身

出发，用心对待彼此之间的感情，当你觉得自己疲惫得坚持不住的时候，不妨给彼此的生活增添一点激情与仪式感。

或许下面这些小技巧可以给你带来一些启发。

1. 一起尝试一些刺激的活动，"吓吓自己"

医学专家告诉我们：人体对外界事物害怕而引起的反应与性行为一样，可以给人带来快乐的感觉。我们在特定的环境下，可以从"害怕"这种情感中获取快感。当你和爱人一起去"冒险"时，你们会觉得双方是手牵手一起克服困难的。有这种经历的一位女士告诉我们，她很少和爱人一起去滑雪，但是有一次他们决定一起去，一起感受滑雪的刺激感。虽然这是她玩过的最危险的活动，但却成为他们最难忘的记忆。

2. 分享一个秘密

亲密度和刺激感是相关联的，这也就是为什么在一段恋爱的开始，相互了解的过程会让人感觉那么刺激。每次我们都相互约定告诉对方一个秘密，这样我们既会觉得刺激，又可以增进我们之间的感情。这些秘密可以是很小的事情，但是这样做所带来的亲密感却是很不错的。

3. 可以经常玩一些打赌游戏

当你们一起独处的时候，可以玩一些扑克游戏，谁输了就让谁接受小小的惩罚；你们也可以一起看球赛，如果你支持的队伍赢了，你就可以让对方帮你做些家务等。这些都可以调剂你们的感情。

4. 小叛逆

在高中的时候，很多女孩经常会提着高跟鞋偷偷溜出去。害怕被抓住的心情给了女孩们很多的刺激和兴奋。虽然现在我们已是成年人，但我们也可以把这种感觉找回来。如果下次你想和恋人一起去看电影，你可以躲在电影院的最后一排，让对方找你半天；或者在天气晴朗的时候，你们可以一起出去游玩，拍一些搞笑的照片，这会使你们感觉自己回到了小时候无忧无虑的时刻。偶尔小叛逆，也是一个很不错的选择。

5. 重现第一次约会的场景

你的第一次约会一定是充满了新鲜感。对方傻傻的眼神，你们接吻的方式和紧张的心情，这些也许都让你历历在目。如果重现第一次约会的情景，那么你一定会获得很多意想不到的快乐。例如，你可以尝试再次用同样的香水，摆出你第一次约会时那样傻傻的表情等。

6. 网络传情

网络社交时代，我们却发现很多情侣很少会通过网络传情。他可以迷恋电脑游戏，而你可以忙于写微博、发朋友圈。其实通过网络，我们可以做一些我们平时不会去做的事情。例如，你可以给对方微信留言或者微博私信，告诉对方你多么爱他 / 她等。

7. 从另一个角度了解对方

心理学家告诉我们：当你从另一个角度去看待对方时，你们的感情也会有所增强。从不同角度了解彼此，可以给彼此不一样的新鲜感。

8. 学会给对方制造一些惊喜

事先为对方准备好一些惊喜活动，会让你们的爱更加充满激情哦。你可以找机会在对方没下班的时候，偷偷在家门上贴上一张"我爱你"的字条，然后在室内布置好蜡烛，准备好对方喜欢的音乐。这些都可以给对方带来惊喜，从而增进你们的感情。

有人说，感情这回事，最初你有多慷慨，最终你就会有多吝啬。当你想要恋人变成你喜欢的样子时，不如想想自己如何能让彼此的感情更加持久，如何才能更用心地对待彼此之间的感情，如何增加彼此相处中的仪式感，而不是要求对方多付出一点、多改变一点。要记住，不要让彼此的感情止步于相爱，你们还有那么长的余生来相伴。

恋爱风向标

（1）恋人之间强烈吸引的原因之一是为了追寻完整的自我。但是，追寻完整的自我的过程是爱情中痛苦的磨合过程。

（2）相处顺利的一个前提是放弃改变对方，不要只关注对方是否为你改变，而是要回头重新专注于自己的"显性"与"隐性"人格的整合与成长，专注于扩展自身的"影子人格"。

（3）世界上的久处不厌，都是因为一直在用心。用心对待彼此之间的感情，当你觉得自己疲惫得坚持不住的时候，不妨给彼此的生活增添一点激情与仪式感。

第 22 章

对"不爱"说不

如果你被表白，会有什么感觉?

对于很多人而言，被表白原本是一件很幸福的事情，可当对方是你不爱的人的时候，这种被表白就会成为一种负担。

但是，不要以为不拒绝就不会有伤害，实际上，错误的接受比拒绝本身对人的伤害更大，不仅会伤害对方，也会伤害自己。实际上，此时的拒绝像一柄巨大的梳子，能快速地理顺杂乱无章的日子，使天空恢复明朗。

因此，如果不爱，就拒绝。

不忍心拒绝也是一种残忍

不要不忍心，你的不忍心只能让对方越陷越深，当你想抽身而去的时候，你们也变成了仇人。当一个你不爱的人向你示爱的时候，你应该勇敢地拒绝，否则这也会给你自己带来伤害。

所以，我们要勇敢地对"不爱"说不。

怎样拒绝不喜欢的人的追求，对"不爱"说不

当你遭遇这种情况时，可以尝试以下几个方法。

1. 换位思考，维护对方的自尊

想象一下，当你向心仪的对象告白的时候，你的心情肯定是忐忑不安的，你会很害怕对方拒绝自己，对自己的爱情抱有很大的期望。通过这样的换位思考，我们就能感受到对方向我们表白时的心情和压力。

所以，在拒绝对方时，我们就必须维护对方的自尊，注意对方的感受。

你可以先对对方的人品和才华等加以赞扬，然后说明你为什么不能接受对方求爱；说出的理由要合乎情理，最好从对方的角度提出有利的方面，让对方认可；如果你必须向对方做出解释，

你就不妨把消极原因归于自己。

2. 要有一个合理的拒绝理由

哈佛社会心理学家曾通过一个实验，揭示了人类的自动反应模式。

当人们在图书馆里排队等候使用复印机时——

有人说："真不好意思，我有五页纸要印。因为时间有点赶，我可以先用复印机吗？"

94% 的人同意了他的请求。

而有人说："真不好意思，我有五页纸要印。我可以先用复印机吗？"

只有 60% 的人同意了。

对比一下，两次请求的关键区别似乎在于，第一次请求给出了理由——"时间有点赶"。一个众所周知的人类行为原则认为：当我们需要别人帮助的时候，要是能给出一个理由，成功的概率会更大。

因为人就是单纯地喜欢做事有个理由，所以，我们在请求别人帮忙时需要理由，在拒绝别人时更需要理由。

说服他人需要理由，而这个理由一定不能是你的"感觉"。拒绝对方的表白也是如此，必须要有一个充分恰当的理由，并且以对方能接受、能认可为最高目标。

除了"我已经有男（女）朋友了"这个理直气壮的理由之

外，你可以通过换位思考从对方的角度出发，想一个拒绝的理由，但一定要合情合理。这个理由必须没有歧义、没有争议、可以具体呈现，最好一目了然。

3. 要选择合适的拒绝时间

心理学家认为，在一个人对某一刺激发生反应后，一定时间内，即使再给予刺激，也不会再发生反应。因此，在一个人告白后，他便处于急切地等待对方回复的状态，正是心理信息外流、心理刺激极强的时候。所以，此时不要立即给他泼冷水，你可以告诉他，你需要时间考虑，同时要让对方保持冷静。之后等对方的心理状态较为平稳时再拒绝，这样可以让对方有心理准备。

一般来说，不要在对方刚表白时就立即加以拒绝，因为此时对方很难接受；但也不可拖延太久，以免给对方造成误会。

4. 语言一定要婉转，态度一定要坚决

在表达自己的想法时，语言要婉转一些。想想看，对方可是在冒着被伤自尊的风险向你表白的，即使你不喜欢，也要微笑拒绝。切不可冷嘲热讽，伤害向你表白的人。你可以尝试在肯定对方的基础上，阐述拒绝的原因和理由。

同时，态度一定要坚决。拒绝难免是一种伤害，但不能因此而犹豫不决。既然是爱上你的人，对你的言行就会非常敏感。如果你拒绝的态度不够坚决，就很容易造成对方的误会，尤其是当对方处在深爱你的状况时，你出于礼貌或者顾全对方颜面的态

度，会让对方觉得你也是爱他/她的，或者让他/她觉得还是有希望的，这种处理往往会带来比拒绝更大的伤害。因此，不要犹豫，更不要左右摇摆。

5. 要把拒绝对方这件事当作一个秘密保守

一个人表白遭拒后，会感觉失落、难过、没面子，严重者甚至会一蹶不振。而这时被表白的人应该为表白者保守秘密，不要把这件事当成自己炫耀的资本，更不要把这件事到处乱说，让局外人的关注给表白者带来二次心理伤害。

6. 注意对方的情绪状态，保护好自己

许多人在表白遭拒后往往会伤心失落，然后才能够慢慢恢复过来。但是也有一部分人在表白遭拒后会做出出人意料的举动，如伤人或者自残。

因此，当你想要拒绝一个人的表白时，首先要做的就是保护好自己。如果对方平时就是一个偏执纠缠的人，与其见面时你就要选择一个人比较多的公共场合。如果对方生性敏感，就更要注意方法问题，一定要在深思熟虑后合理拒绝，避免因为刺激到对方而导致恶性事件的发生。同时，你应密切地关注对方情绪状态的变化，及时做好防范。

别人有表白的权力，而你也拥有拒绝的权力。勉强接受一个自己不爱的人，这样的感情一般不会太长久。因此，我们要学会对不爱说"不"。

恋爱风向标

（1）如果不爱，就要勇敢地拒绝，因为"不忍"更是一种残忍。

（2）拒绝对方时，一定要注意不要伤及对方的自尊，选择恰当的时间与地点，用明确而坚决的态度给对方一个拒绝的理由；同时在拒绝对方时要注意保护自己的安全，避免恶性事件的发生。

第 23 章

性，爱的馈赠

我们说爱情是一种亲密关系，而在这段亲密关系中总会发生的一件事就是"亲密接触"。随着男女双方感情的加深，便有了与异性进行更亲密的接触的想法。

"禁果"，在当下社会往往象征着一种渴望得到但不能或很难得到的事物，或者明知不应该却很想做且做了会受到惩罚的事情，有时我们会用它暗指"性"。我们对"性"讳莫如深，也常常会用"偷食禁果"来形容男女之间在没有法律承认的婚姻关系的前提下发生了性关系，或是在未成年阶段与异性发生了性关系，抑或是青年男女相恋时在单纯的相互吸引下发生的第一次性关系。

"性"是一种"禁忌"吗

对这一问题的回答可从以下四个方面来探讨。

1. 性欲是人类的基本需求之一，是自然之伦。现象生物学中常用"性本能"（sexual instincts）这一名词形容这种"性冲动"。弗洛伊德则将这种"性冲动"称为"原欲"，用以表达在性方面相当饥饿的那种感觉。

2. 性是人类得以繁衍存续的基础，是生命之源。没有性，便不会有男女之间的结合与生殖繁衍。性是生命的起源，担负着物种繁衍的神圣使命。对于性，我们需要多一份理性、多一份坦然、多一份尊敬。

3. 性是人类爱情中的重要基础，是激情的动力来源，而激情恰恰是爱情的重要构成。根据斯腾伯格的爱情三元论，我们知道激情是爱情的三种元素之一，它对爱情的质量有着显著的影响。

4. 性是个体心理和生理发展过程中不能回避的主题。对于性的认知、性生理的发育及性生理与性心理问题的处理不当，是诸多心理病症的根源。

第一次亲密接触

一般来说，恋爱中的男女双方对初次性交后的心理反应是大不相同的。在多数情况下，如果男方对女方有好感，那么在几次约会后，就很容易产生要和女方发生性关系的冲动。而对女方来说，内心则要复杂得多。

许多女性会产生一种莫名的性恐惧，面对男性的性冲动会陷入矛盾的旋涡。有些男性认为，出现这种情况是女性怕羞的缘故，只要大胆占有，打破了第一次的心理障碍，以后就不会有问题了。其实，这是一种对女性心理的无知和粗暴；在这种认识的背后，往往潜伏着今后冲突的种子，是酿成悲剧的根源。

因此，无论男女，在第一次亲密接触之前，请你们思考一下下面的问题。

1. 此人的性格、气质等类型是你所喜欢的吗？如果答案是"不"，那么你们以后很有可能会分开，所以请不要轻易发生第一次亲密接触。

2. 你是出于自己内心深处的需要，还是因为对方一而再再而三的请求所带来的压力？

3. 如果此人只是想与你一夜风流、偷尝禁果，并没有与你长久相处的念头，那么你能接受这种只要过程不要结果的现实以及为此付出的代价吗？

4. 如果一定要与对方发生亲密接触，你是否已经做好避孕的准备？

5. 在发生性关系之前，双方是否有了有力的承诺？

恋爱风向标

（1）性是个体心理和生理发展过程中不能回避的主题，也是人类爱情中的重要基础，是激情的动力来源与爱情的重要构成。

（2）许多人面对"性冲动"时会产生矛盾心理，但这是在爱情中不可避免的事情。需要注意的是，在第一次亲密接触之前，应判断自己是否已经做好了准备。

第五部分

爱到尽头

在你收获一份感情前，你不会提前收到通知；

在你将失去这份感情时，你可能也不会有任何提前准备。

你脆弱的心不堪重负，

看着他／她远去，对这突如其来的打击猝不及防……

最近网上流行这样的一句话："友情的小船说翻就翻，爱情的巨轮说沉就沉。"恋爱是一件美好的事，但是有很多恋爱却因为这样或那样的原因无疾而终。

恋爱时，所有的人都抱着美好的愿望，都希望能修成一段好的姻缘。分手时，有的人却会措手不及。

失恋会造成各种情绪反应，甚至会导致一些伤人、自残事件的发生。如何顺利度过刚分手还未恢复元气的这段灰暗时期，如何积极调整，让我们最后带伤成长且开启新的生命旅程，是值得关注的事。

这个时候，处理分手就成了一门必修课。

有人说：恋爱看感觉，分手看人品；开心谈恋爱，理性谈分手。

在这一章中，我们一起来了解一下关于分手的那些事。

第 24 章

当恋爱遭遇寒冬

有人问：爱情，会过期吗？

我的答案是，我不知道。

如果可以，每个人可能都希望自己能被爱情判"无期徒刑"。但不幸的是，总有一部分人会经历感情的渐渐逝去。恋爱的寒冬不是一瞬间到来的，而是经过日积月累的心凉，然后在一阵刺骨的冷风中直面不可挽回的结局。通常而言，大多数人在分手之前

恋爱心理必修课

都会经历如下这十个阶段。

阶段一：恋爱一方对彼此的恋爱关系失去了兴趣

对原来关注的那些事、那些人、那些点都渐渐变得不在意，例如，想要一起看一部电影，他／她却说工作忙；想要腻在一起，他／她却觉得无聊。不知道从什么时候开始，一方对另一方慢慢变得敷衍，曾经的好渐渐变成不情愿而为之。当一方有了想要分手的心思时，便会对另一方的事失去兴趣，甚至会间接或直接地表达自己的不耐烦。

阶段二：失去兴趣的一方开始注意其他人

失去兴趣的一方想要交往或者正在交往的异性朋友增多，开始忙于应酬，忙着与其他人聚会，而对另一方的关注越来越少。因为在这个阶段，他／她的潜意识里可能想要找一位比现在的伴侣更优秀的人，所以他／她开始注意其他人。

阶段三：失去兴趣的一方开始退避，在行为上疏远另一方

双方的联系会越来越少，对彼此的恋爱关系失去兴趣的一方，不仅会减少给另一方发短信、打电话的次数，还会减少对另一方的关心，例如，早上不再催对方起床、不再提醒对方按时吃饭、下雨天不会再给对方送伞等。

阶段四：恋爱双方试图努力解决问题

恋爱是一种奇妙的缘分，当恋爱双方发现其中一方对彼此的恋爱关系有失去兴趣的迹象时，一般来说，为了让这份关系继续下去，无论是哪一方，都会试图努力去解决问题，不想让彼此之间的关系就这样破裂。例如，他们会约个时间好好聊聊，双方都会尽力去改正自己令对方不满意的地方。

这一阶段是一个过渡阶段，双方开始发现恋爱关系中存在的问题并努力解决。如果解决成功，恋爱关系会继续下去；如果不成功，则又会出现新的问题。

阶段五：恋人一起共处的时间进一步减少

在双方明确说出在彼此之间存在的问题后，如果不能顺利解决这些问题，为了避免尴尬，双方在一起的时间会更少。双面见面时会越来越小心，有时候会莫名其妙地吵架。无论是先失去兴趣的一方还是另一方，都会减少主动联系的次数，甚至两个人都会尽量避免联系彼此。而且由于双方存在的问题已经明朗化，彼此之间会多一份猜疑与不信任，他们都在等待对方主动向自己解释，却不会主动出击。

阶段六：共同兴趣的缺乏再次浮现出来

由于双方相处时间的减少，恋爱中的两个人更倾向于忙自己的事情，对彼此的关注也会逐渐减少，他们会因为电影、书籍、运动等爱好的不同出现分歧，不会再像恋爱之初那样因为想要与对方在一起，所以看同一部电影、读同一本书。这个时候的他们会觉得对方喜欢的许多事物完全不适合自己，双方之间缺乏共同点。

阶段七：考虑分手

双方觉得彼此没有共同的兴趣点，共处的时间越来越少，两个人在一起找不回曾经的感觉，并且相互猜疑，矛盾不断，甚至一方有了新的潜在伴侣，恋爱双方这时便有了分手的念头。

阶段八：双方沟通，并"达成共识"

对于曾经有过美好时光的恋爱双方而言，突然有了"分手"的念头，是会感到害怕与不适应的。出于对彼此感情的珍惜，双方会进行情感的沟通，努力避免"分手"成为现实。而这种"共识"往往带有太多勉强的成分，恋爱双方对彼此都存有歉意，这样的共识可能不会持续太久。

阶段九：恋爱一方或双方试图再次关注他人

恋爱双方对彼此都存有不满的情绪，分手的念头越来越强烈，开始冷处理，并且主动结识新的异性朋友。

阶段十：其他潜在的替代伴侣出现

对自己恋爱的对象彻底失去兴趣，并且不想与其继续下去，而开始在他人身上找到吸引点，于是与恋爱对象的联系越来越少，而与新的异性朋友甚至是潜在的替代伴侣交往密切，一起做恋人之间常做的一些事情，如一起看电影、旅行等。

谁背叛了爱情

有人说，感情是受不了弄虚作假的，就像上述的十个阶段一样，人们可以感觉到感情的每一次降温。第一次降温时，他/她不再是你社交应用中唯一的分组；第二次降温时，他/她的昵称变成了全名；第三次降温时，你换掉了曾经想要用一辈子的情侣头像，卸载了情侣手机应用；第四次降温时，你删掉了联系方式。失望攒够了，你就得挥手告别了。于是，在某个平静的午后，你收拾了行李，悄悄地却彻底地离开了他/她的世界。

那么，此时我们就会问，是谁背叛了爱情呢？

这里涉及一个概念——**"爱情厌倦心理"**，人们对于毫无变化、索然无味的爱情生活会产生这样的心理反应。恋爱心理问题专家加里斯·莫里（Gareth Murray）指出，孤独感、生活单调、缺乏情感交流及吸引力的消失是人们产生"爱情厌倦心理"的主要因素。

1. **孤独感**是产生"爱情厌倦心理"的主要原因。如果一个人没有他人共同分享生活中的乐趣与感受，就会产生孤独感。这种孤独感会逐渐变为对爱情的失望乃至愤怒，原有的情感也就随之消失殆尽。

2. **长期单调贫乏的生活**是造成"爱情厌倦心理"的第二个重要原因。如果恋爱生活总是在同样的时间以同样的方式进行，就会让人失去乐趣。而第三者却能提供新鲜感和刺激感，并且带有许多吸引人的冒险因素，这对于不甘单调的一方自然是巨大的诱惑，继而对现有的恋爱关系更为不满和厌倦。

3. **长期缺乏感情交流**是"爱情厌倦心理"滋长的第三个因素。事实上，男女朋友之间的和谐关系是靠思想信息的交流而形成并维护的，它包括互相的尊重与欣赏。相恋的两个人若缺乏情感交流，隔阂便会渗入生活的各个方面，使双方渐渐疏远。

其实，任何人在面对爱情时都难免产生厌倦心理，它的存在有其生理因素基础，并不完全是道德败坏造成的。既然选择了爱情，那么我们也就选择了可能会失去爱情的痛苦现实。当曾经属于你的爱情随风飘散时，不要苦苦挽留、不要不舍，更不要因此而折磨自己。爱情里，并没有谁对谁错。

恋爱风向标

（1）并不是所有的爱情都会一直美好到最后，恋爱中的分分合合是很常见的事情。当恋爱遭遇寒冬时，我们一定要尽早察觉，尽快处理。

（2）恋爱双方的关系出现问题，通常会有十个阶段的表现：一方失去了对彼此恋爱关系的兴趣；失去兴趣的一方开始注意其他人；失去兴趣的一方开始退避，疏远对方；恋爱双方试图努力解决问题；恋人共处的时间更少；共同兴趣的缺乏再次浮现出来；恋人考虑分手；沟通彼此的情感，"达成共识"；恋爱的一方或双方试图再次关注他人；他们与其他潜在的替代伴侣交往。

（3）爱情出现问题大多并没有谁对谁错，更多的是有人产生了"爱情厌倦心理"。

第 25 章

分手应该体面，谁都别说抱歉

2018年9月，一对外国情侣的分手新闻上了热搜，被网友们称为"史上最甜"的分手。他们之间没有人出轨，没有争吵，甚至也不是谁做错了什么，只是他们确实走不下去了。他们分手后对彼此的态度还是一如从前，甚至更尊重与了解对方了。经历了难过、麻木、疲倦，了解了对方所有的缺点甚至是阴暗面后，他们依然称对方是自己见过的最好的人。

其实，很多感情不一定是出了问题才会分开，而是在一起的缘分尽了。只是人有时不懂坦荡与理智，放弃了对彼此的尊重。尤其是曾有过分手经历的人更加明白负责任的分手是多么重要。

分手的艰难

在我们的生活中，分手少有洒脱且祝福彼此的情况。更多的人是作茧自缚、相互指责、死缠烂打、委曲求全，甚至鱼死网破。分手时，提出分手的一方所给出的理由，另一方却觉得难以接受，希望挽回。直到有一天他们意识到这段感情已经无法挽回了，这时被分手的人就会转而向对方寻求一个最后的交代，换言之，给自己找一种完结感。他们会本能地希望借助外力来迫使自己接受现实，而且他们希望这个外力来自提出分手的人。

而实际上，被分手的人想借助对方的力量让自己接受分手的现实这件事，只能说明在其内心深处仍然是不想分开的。他们想要的最后的交代，只不过是另一种形式的努力罢了。他们会拒绝接受提出分手的所有理由，并且要求对方必须给出一个让自己彻底死心的解释或行为。这种努力只是本能地希望一切停止，他们知道已经无法让彼此回到过去，但又绝对无法接受事情不能挽回。他们是被困在"现在"里的人，尽管现在意味着痛苦，仍不肯分开。因为他们相信，未来只会更痛苦。

分手，不甘愿；不分手，痛苦。

这就是分手的艰难。

但是，不管怎样，人们还是应体面地分开。那么，如何体面地说"分手"呢?

主动提出分手的一方

1. 保持理智和冷静

当一个人提出分手、想终结彼此之间的恋爱关系时，其要做的第一件事就是让自己保持理智和冷静。提出分手时，立场要坚定，态度要明确。

很多人会在不理智、不冷静的状态下提出分手，通过吵架、暗示等方法让对方自己领会。这样做只会让对方难以接受，并且认为彼此之间还有继续的可能。

所以，在提出分手时要保持理智与冷静，一方面能够帮助主动提出分手的人梳理自己的情感，另一方面能够让被分手的人感觉你是经过深思熟虑之后做出的选择。

2. 选择合适的分手场合

恋爱时的相处能让你了解对方是一个什么类型的人，所以要根据对方的性格选择合适的分手场合，这也是尊重对方的表现。例如，如果对方很爱面子，甚至爱面子超过爱自己，那么分手的地点就尽量不要选择公共场合，因为这会使对方因为面子受损而产生过激行为。如果对方是一个理智的人，你可以选择在较为公开的场合提出分手，如咖啡馆、公园等。但要注意，不要在对方的亲朋好友在场的时候提出分手。

3. 面对面处理

我的心理课堂的一项名为"你更倾向于哪种分手方式"的调查显示，有 66.5% 的人会选择以不见面的方式分手，如打电话、QQ 或微信留言、发邮件以及写信；更有甚者会选择逃避、消失，从而让彼此的感情慢慢淡化。

其实，分手时双方都应对结束恋爱关系负责任。通过微信、QQ 等方式分手，无法将彼此之间的问题聊清楚，最好的方式就是面对面谈分手。

尽管不见面的分手更容易说出口，但是面对面的正式谈话更能体现出对彼此的尊重。

4. 主动承担责任

在提出分手时，很多人容易把导致分手的过错归于另一方。但是，当一段恋爱关系走到尽头时，更多的可能是恋爱双方都存在问题。

作为主动提出分手的一方，更应该认识到自己的过错，主动承担责任。说分手的理由时要做到客观、公平，不能一味地责怪对方，此时应该主要讲自己的意愿，而非对方的缺点。

5. 妥善处理好分手后的问题

正所谓"恋爱看感觉，分手看人品"。即使分手已成定局，也要认真对待恋人提出的各种问题，从而避免将来产生不必要的纠纷。不要心存怨气，更不要把事情做绝，在条件允许的情况下，可以适当满足对方提出的要求，给彼此留下好的回忆。

同时，一旦说出分手就要断开联系，因为给予对方关怀的行为通常会让对方迷惑，产生你不想和他分手的错觉。

被分手的一方

1. 面对现实

当对方决心已定，明确提出分手后，任何纠缠都无济于事。这个时候，被分手的一方应该选择面对现实，冷静下来与对方理性地分手。不要因为自己一时无法接受而做出过激的事情。

2. 接受结局

分手后，被分手的一方要避免继续纠缠对方，不应对彼此之间的关系存在幻想，而是应努力让自己接受已分手的结局。

3. 自我反思

分手之后，被分手的一方要做的不是自怨自艾或者想方设法地挽回感情，而是要反思自己在这段恋爱中的经历，思考分手的原因，认识自身的不足。

4. 自我成长

分手后，被分手的一方应将悲伤化为完善自我的动力，努力提高自己，去迎接下一段恋情。

5. 对提出分手的恋人心存感激

即使恋人提出分手，也不要心存怨恨。相爱容易相处难，彼此相处那么久了，已经是一种成功；既然分手已成定局，那么不如保持宽容与大度，让彼此的关系不会因为分手而过于僵化。

恋爱风向标

（1）如果分手已经是不可避免的事实，那么我们需要做的是降低对彼此的伤害，学会在交往与分手的过程中成长，双方心平气和地说再见。

（2）主动提出分手的一方要保持理智和冷静，在处理分手时要选择合适的场合，最好采取面谈的方式，主动承担责任并妥善处理好分手后的问题。

（3）被分手的一方要面对现实，接受爱情已经走到尽头这个结局，同时进行自我反思，思考自身的不足，促使自己成长。

第 26 章

如何疗愈情伤

俗话说："恋爱的人是傻子，失恋的人是疯子。"失恋对于大多数人来说是一件很痛苦的事情，是一种特殊的情绪体验。如果问大家失恋是什么感觉，每个人都有独特的理解。有人说："失恋，就如心上插了一把刀，一动就痛。"有人说："失恋就像吃酸味冰淇淋，心里酸酸的、凉凉的，让人不能承受。"更有人说："感觉像是一个很熟悉的人去世了。"

失恋心理危机

一个人失恋后，最明显的不适就是会产生失恋心理危机。失恋心理危机是指一方因失去另一方的感情而导致情绪、认知以及行为的改变等。

有的人在突然失恋后，会先产生极大的悲伤和痛苦，随之而来的便是愤怒和绝望，这很可能会导致鲁莽的异常行为，如自杀、殉情、报复他人等。有的人则容易将消极的情绪迁怒于其他人或事物，如对任何事都觉得不顺心、容易发怒等，这种无端的迁怒常会导致行为偏激。

因此，失恋心理可以总结为以下四种：自卑心理、悲伤心理、失落心理、报复心理。

1. **自卑心理**。失恋者往往会认为自己是因为一无是处才被抛弃的，从而陷入自卑、心灰意冷的情绪状态中，甚至害怕见人。失恋者会处于一种痛苦失落的失衡状态，长期如此会导致沮丧、抑郁，严重者会出现精神分裂甚至精神失常的问题。

2. **悲伤心理**。其症状表现强度与失恋者对恋爱对象的感情投入程度成正比。在失恋挫折的巨大心理压力下，在失败及自卑感的心理阴影下，当事人可能会陷入痛苦的情绪中不能自拔。

3. **失落心理**。热恋时对爱情的存在越肯定，失恋后的虚无感也就越强烈。失恋者感到渺茫、焦虑、无助，无力摆脱失恋的痛苦，又不敢面对现实；一些人还会选择自暴自弃，对学业、前途

也无法顾及，甚至内化为自我折磨。

4. **报复心理**。一部分人会开始对恋爱产生片面化的认识，或者因严重遭受了失恋的打击而形成畸形的恋爱心理，使自己丧失理智而做出极端的行为，甚至违法犯罪。

失恋调适

我们该如何调整这类由失恋引发的消极情绪呢？或许我们可以从以下三个方面着手——停下来、想一想、做一做。

停下来

"停下来"是指不再关注与对方有关的一切，并且让自己放空一段时间。

对于分手后的人来说，要做的第一步就是停下来，**不再关注与对方有关的一切**。因为对方的动态可能会让你的情绪变得更加消极，使你更加难以走出来。例如，他发了一张熟悉的照片，就可能勾起你的回忆。所以你要远离与他有关的一切，以免触景伤情。

再者，**清理生活**，把属于对方的东西收拾整理后放在平时难以触及的角落（或者都扔掉），重新建立生活秩序，摆放自己喜欢的植物、图片、物品，经营好自己的生活。让自己回到自己的生活中，主宰自己的生活。

最后，失恋后的人可能会缺乏理智，有可能长期沉浸在痛苦之中，或者还存留着与对方和好的念头。因此，这个时候你就要给自己一段时间，静一静，放空自己，让自己有一段空窗期，不要急于进入下一段恋情。

这个阶段的你可以选择认真地读几本书，以转移自己的注意力。读书是让人平静下来的一个非常好的方法。你也可以选择写日记，此时日记本就是最好的垃圾桶，能吸走你的沮丧和压力，顺便也可以吸走你的眼泪和鼻涕。

想一想

"想一想"包括两个部分，分别是自我安慰与自我反思。

自我安慰。失恋者为了缓解内心的痛苦，应当学会自我安慰。首先，应用"酸葡萄效应"，多想想以前恋人的一些缺点，不想或者少想对方的优点，这有助于打破理想化倾向，使自己更容易忘记对方。其次，可以应用"甜柠檬效应"，把自己的各项优点罗列出来，找出自己的美好之处，相信自己是优秀的，还会遇到更好的人，这样有利于自己恢复自信，从而减轻自己的痛苦。自我安慰是一种很好的缓解失恋者痛苦的方式，通过这样的方式，失恋者可以达到自我调节、自我防御的目的。

自我反思。放空自己之后，可以进行自我反思，想一想到底是什么原因导致了恋爱的终结。也许这个原因不重要，重要的是我们从恋爱中学习到了什么，在下一段恋爱中我们要避免什么。

失恋后要做的不是忘记对方，而是要想起自己。进行自我反思就是想起自己的一个很好的方式。你可以试着问自己：我是怎样的人？问题出在哪里？是沟通方式还是价值观差异？在思考中，能够提炼出成长的力量，从中找回你的感激能力，加速修复你的心理创伤。

做一做

原谅过去、与过去和解，试着重新开始、规划路径，做点不一样的事情。

恋爱时的你可能会把全部注意力都放在恋人的身上，而忽略了父母。你要多关心父母，因为父母无私的爱才是最光辉的，他们可以使你确信之前一些更加实在和珍贵的东西被你忽略了，可以让你觉得比爱情更重要的东西就在身边，让你重新感受到自己被关心、被温暖，重新获得生活的力量。

和好朋友去玩，与他们分享生活乐趣，会让你忘记许多不快乐的时光。你们可以一起去旅行，去那些你曾经想去却没有机会去的地方。与知心朋友去想去的地方，会让你的心情轻松许多。

专注于一件事情，让它占据你的时间。例如，有朋友失恋后背诵《道德经》，背完就从灰暗中走了出来。

失恋的人应该明白可以做的事情还有很多，这里仅仅提到了常见的几点。无论做什么，一句话，要做回自己，保持爱生活、爱别人、爱自然的心态，大方地接受别人同样的关心和帮助，迎接新的生活，开始更加阳光和通透的人生。

正如微博上很热的一句话所言：失恋只是过去消失了而已，未来还有很多的美好在等着我们。别人不爱我们的时候，我们更要爱自己。

恋爱风向标

（1）失恋的个体在情感上会遭受极大的悲伤与痛苦，并会产生一种或几种失恋心理，包括自卑心理、悲伤心理、失落心理、报复心理。

（2）失恋引发的消极情绪不仅会对个人的生活产生负面影响，严重的还会导致失恋者违法犯罪。因此，失恋后一定要积极地进行自我调整。你可以从三个方面着手——停下来、想一想、做一做。

第 27 章

失恋的意义在于成长

失恋带给我们的是什么呢？歇斯底里的哭泣？不在乎身材的暴饮暴食？谁也不想理的冷淡？抑或是封闭自己不与外界交流？

这些都是消极的方面。但是"塞翁失马，焉知非福"，换个角度看，失恋未尝不是一件积极的事情。尽管它的确让人很难过，但是失恋往往也会带来深刻的自我心灵检讨。这个过程是我们成长的重要步骤。

很多人在走出失恋后会说：

失恋后才发现自己原来很自我，一味索取不知付出；

失恋后才懂得，别人对自己的好并不是理所当然的，要学会珍惜；

失恋后才知道，自己想要的和不想要的到底是什么。

就这样，一边处理着伤痛，一边成长。

失恋让我们懂得：珍惜，才能延续彼此之间的快乐

在一起时，对方的付出被自己当作理所当然，而在分手的那一刻，你便放弃了这些理所当然：肢体接触的温暖，无聊时随叫随到的聊天，甚至是某些看似功利、你曾不屑一顾的东西——机会与信息……

所以，当你了解了失去的痛苦，之后你才会格外珍惜身边的人与事物。

正如张信哲在歌曲《还爱还爱》中唱的那样："所有爱过的人，我现在还爱。因为很多失败，现在已经不再是伤害……因为爱过，下次才会更懂得爱。爱过就不怕再爱、再爱。"

失恋让我们了解：在这段爱中，自己的错误所在

人与人之间是不同的，每个人对爱情的需求也有所不同。除

了平等、互相关心之外，你是否还知道对方想要什么？

有人说，真正的爱，不是给他／她最好的东西，而是给他／她需要的东西。就像《山楂树之恋》中的老三对静秋的爱：静秋上体育课没有运动衣，老三就悄悄买来了运动衣；静秋没有胶鞋，老三就悄悄买来了胶鞋；静秋的妈妈治病需要用冰糖、核桃，老三就托人捎去了冰糖、核桃……

而我们身边的现象又是怎样的呢？男生在宿舍楼下摆蜡烛向女生示爱，但女生并不喜欢这样的高调，因为这严重影响了她的生活；女生在男生忙碌的时候找他聊天，还必须回复，不回复就抱怨，这其实给男生的工作造成了很大的困扰。

你以为这是套路，其实这是错误。

恋爱中，打动对方的是心意，而不是招数。

在恋爱中，你或许会沉浸在自己的想法里。失恋后，却能够让你更好地反思自己在恋爱中的做法，能够仔细回想对方对你提过的要求、有过的埋怨，并且能从中找到答案，了解到自己的错误所在。

失恋让我们认识到：爱的基础，是对彼此的尊重

我曾经很疑惑，为什么有的人可以狠下心来抛弃多年的感情，与深爱的人分手。有人说，正是因为在一起的时间久了，渐渐地了解了对方，才发现自己在这段感情里看不到出路。这就像

是爱情的小船原本停泊在爱河之中，可是某一天却发现这条河结了冰，使船无法移动，只能在黑暗中绝望。

恋爱中的两个人都不能吝啬给予彼此温暖，如果你让对方感到心寒，那么你们的关系就会出现问题。如果是无意的，只要彼此之间相互理解，那么双方都不会过于计较。但如果是故意让自己假装冷淡，骨子里认为自己高人一等，并且只索取不给予、不付出，那么总有一天你会将对方的温暖压榨完，让你们的关系走向终结。

因此，人们要在爱情中摆正自己的位置。如果说为对方做一些事是爱的表示，那么两个人之间平等的位置则是爱的可能性，因为爱的基础就是对彼此的尊重。

失恋让我们接受：放弃了幻想，现实才会美

经历过爱情，女孩子才会发现，白马王子只存在于童话与美梦中，周围更多的是大男子主义的他和稚气未脱的他。经历过爱情，男孩子也会发现，恋爱不是两个人的打打闹闹，也不是投机的聊天，而是要为自己与对方的未来而努力，对彼此的生活负责。

爱情并不完美。即使在一起，也并不意味着永远，而"永远"是需要一起创造的。

人并不是完美的。就像你有时会自私懒惰，不愿付出、不愿

改变一样，你的他／她也会如此。这可以说是许多人的通病，所以几乎很少有人能够成为完美的人。因此，当你眼中的完美对于他／她来说并不美的时候，你便知道这个人并不适合你，你该放下了。

失恋让我们释怀：接受彼此的不合适，该放下时就放下

分手时，有两个问题总是会反复出现——"为什么"以及"凭什么"。这两个问题都表现出被分手者的不甘心。在这段感情中，人们明明付出了很多，为什么还要面对被抛弃的结局？不甘心！这也许会让你感觉自己一无是处，好像被扔进了废墟里，一文不值。你的自尊心碎了一地，你反复地问，自己是否真的那么差。

在思考这个问题之前，或许你可以先想一想下面这个问题。你现在在用的东西，有哪几样是从小到大一直在用的？为什么不再用了？答案或许是因为你不喜欢了，或许是你发现更合适的，抑或是因为东西坏了。这就像我们的爱情，时间久了，这就为你的不解提供了答案——不是你很差，而是你们不合适。

在恋爱中，时光是流逝的，而在流逝的时光中，他／她已经成长，但你却跟不上了；或者反过来，他／她跟不上你了。我们自然不能怪那个长大的人，也不能埋怨没有跟上的人，你们只是不再适合了。

　　所以，人们不必因为失恋就轻易否定自己的价值。更多的原因，只是不合适。

　　人是感性的，所以每个人都有可能在感情的世界里迷失过自我。无论是谁，只有经历了那份痛才懂得什么是爱情，只有经历了分离才会懂得珍惜，只有在磕磕绊绊中才能成熟。

恋爱风向标

（1）或许失恋意味着男女关系的终结，意味着你的一段感情告一段落；或许失恋会让恋爱的一方受伤、痛苦、消沉甚至做出过激的反应。但失恋会让经历过的人从中学到很多，为下次找到更合适的人做好准备。

（2）失恋带给我们的不仅是悲伤，更多的是成长。因此，爱就热烈，不爱就坚强，失恋和分手都是小事，如同把你埋进土里，而你却将学会如何开出一朵顽强的花。

第六部分

那些我们在爱情中学到的

真正的爱情是神圣的，我们要祝福真爱。而祝福真爱的前提是理解真爱，理解爱需要我们去学习，理解爱能够让我们成长。这就是这一章所要分享与交流的主要内容。

　　爱情是人类高尚的精神体验，不同于其他的情感体验，它是个体独特的心灵历程，更是双方心与心的交流与沟通，只有正确地理解爱情，才能与幸福同行。

第 28 章

培养爱自己与爱他人的能力

有人说："恋爱这点事，谁不知道呢？"事实上，爱情理论都知道，仍然谈不好恋爱的人大有人在。所以，想要拥有美好的爱情，也需要不断学习、不断充实自己。

正如心理学家弗洛姆曾说过，如果想要认识爱情这门艺术，人们就要主动地去学习关于爱情的艺术，就像学习其他技艺（如音乐、绘画、建筑或者医疗等）一样，主动地去亲近爱，认真地去学习与爱有关的一切，它会带给你更丰厚的回报。

那么，学习什么呢？

爱自己

你若是世界上最好的李子树，而你所爱的人却不喜欢李子，他/她喜欢杏，那时你可以选择变成杏树。不过经过改变结出的杏，是次等品质的杏。而你爱的人只喜欢上等的杏，你可能就会被抛弃。只有做原来的李子树，才能结出好的果子。

从这段话中，我们可以体会到，与其为爱情变成另一个人，不如坚持自我。我们要相信和接纳自己，做最好的自己。

爱自己是爱他人的前提，学会爱自己，我们需要做什么呢？

1. 正确的自我认知

无论你是丑是美，是贫是富，我们都要正确地看待自己，要接纳自己的外貌、性格、气质、能力等，也要接纳我们的原生家庭，建立积极的自我概念，让生理自我、心理自我与社会自我和谐统一。

一个自爱的人是自知的，一个心理成熟的人是能够自然且坦然地表达自我的。自爱是要成为你自己，而非通过爱情变成他人。

在生活中，你是否遇到过这样的状况？

◇ 为了他/她，我可以抛弃一切，健康、父母乃至生命……

◇　我都已经如此爱他／她了，他／她为什么还要这样对我？

◇　我做错了什么？

◇　我没有觉自己哪里做得不对。

◇　我是因为很爱他／她才这样做的。

◇　我一直期待成为他／她喜欢的样子。

爱情确实会使一个人发生改变，而这种改变源于，我愿意为你改变，通过恋爱发现"我是谁""我到底想要得到什么""谁是那个合适的人"。恋爱中的双方都要积极关注恋爱中的自我，这个恋爱是将你自己变得更好还是停留在原处？甚至出现退行？

事实上，热恋中男女都会将恋人"理想化"，特别容易放大热恋中快乐与痛苦的心理感受。处于热恋中，人们会认为自己是世界上最幸福的人，而失恋后便认为自己是世界上最痛苦的人。

固然，恋爱双方强烈而丰富、敏感而不稳定的感情并非异常，但如果陷入情感的幻想中，人的自我判断、自我评价与自我意识都会发生偏差，有的人因为恋爱失去了自我，有的人因为恋爱更加自恋，有的人因为恋爱更加成熟，其中的差异在于个体对自我的认知。

2. 学会珍惜与尊重自己的感情

在恋爱之前，我们应先想好要不要开始这段感情，要用一种负责的态度对待恋爱。

在我们身边，有许多不珍惜感情的恋人。例如，有的人因为恋爱而放纵自己的感情，仅仅为了满足自己生理与心理甚至物质的需求，用青春与爱情赌明天。有的人则是因为寂寞而恋爱，开始一段感情，这其实是对自己的不负责任，也对另一半不公平。

爱情是一种非常神圣的情感，为了一个不爱的人就随随便便地付出自己的感情，这是对自己的不尊重。在爱情到来之前，我们要学会忍受寂寞，把自己的爱留给真正值得我们去爱的人。

3. 学会对自己负责

人们在热恋时，要控制感情的温度。

恋爱不是为了让我们放弃自我，而是学会更加负责地生活。一个人只有本着对自己高度负责的态度学习、生活，才能处理好恋爱中的自我与他人、现在与未来、学业／工作与爱情等方面的关系。爱不仅是情人节的玫瑰，也不只是每日的相守，更是对彼此生命负责的人生态度。

爱他人

子曰：己所不欲，勿施于人。值得关注的是，己所欲，是不是一定要施于人？你认为这样对恋人好，是不是意味着你就可以要求恋人按你的想法去行动？其实不然，成熟的爱情应该是尊重对方、爱对方。

爱他人，意味着允许恋人成为他自己，而不是你期待的模样。爱他人也意味着允许恋人按照他自己的成长节奏慢慢长大。爱他人要放弃"改变对方来适应自己"的想法；放弃"操纵""支配""责怪"的做法；放弃"控制对方"的欲望。

爱他人应做到以下几点。

1. 学会尊重你爱的人

尊重不是敬畏，不是让我们在对方面前小心翼翼，而是要求我们认识对方独有的品质并接纳。我们都希望自己所爱的人能够以他自己的方式去成长，而不应是凡事都服从于我们。

如果我们爱他人，我们会接受他本来的模样，而不是要求他成为我们希望的样子。这就要求我们更加尊重所爱的人，让对方以他自己喜欢的方式发展自我。

2. 帮助对方积极发展自我

恋爱唤醒沉睡的心灵，积极的恋爱会使个体潜在的心理能量得以释放，让人们为所爱的人努力。爱是一种积极向上的精神力量，催促着相爱的两个人向更好的自我发展，更加努力地自我完善、自我发展，而非自我束缚、自我放纵。

同时，爱不能仅仅停留在口头上，而是要付诸行动，双方共同成长。

3. 学会付出

通过自己的付出丰富他人，在提高自己生命质量的同时，也提高了对方的存在感。付出并不是为了得到，但是通过适当的付出，必然会唤起恋人的内在生命力。

爱情是需要我们用心去学习的一门学问，我们的努力会给爱情之花增添养料，让它绽放得更加灿烂。

恋爱风向标

（1）心理学家弗洛姆曾说过，如果人们想要认识爱情这门艺术，就要主动地去学习，就像学习其他技艺（如音乐、绘画、建筑或者医疗等）一样，主动地去亲近爱，认真地去学习与爱有关的一切，它才会带给你更丰厚的回报。

（2）爱的学习包括学习爱自己与学习爱他人。

（3）爱自己需要做到对自己形成正确的自我认知，珍惜自己的感情，尊重自己的感情，更要学会对自己负责。

（4）爱他人主要包括学会尊重你爱的人，帮助对方积极发展自我，更要学会付出，懂得付出。

第 29 章

爱情账户的储存与管理

心理学家弗洛姆曾说过："爱是人的一种主动能力，一种使人和他人相联合的能力；爱使人克服了孤独的感觉，但允许人成为自己，允许人保持完整性。"

你的爱情账户中储存着各种爱的能力，这些能力将帮你拥有一段美好的爱情。

爱的能力是指和他人建立互信、平等、亲密关系的能力，它对人一生的发展都有着重要的意义。具备了爱的能力会引导一个人去真正地爱他人，也真正地爱自己，能真正体验到爱给人带来的快乐和幸福，而恋爱的过程就是培养爱的能力的过程。

我们对自己的生活、幸福、成长以及自由的肯定是以爱的能力为基础的，爱情账户中储存着的各种能力让我们能够关怀他人、尊重他人，以及了解他人。这些能力不是与生俱来的，也不是随着生理成熟自然形成的，而是在社会生活中逐渐成长起来的。

爱的能力

一段美好的爱情要求你的爱情账户中储存哪些爱的能力呢？

1. 鉴别爱的能力

鉴别爱意味着要理智地面对求爱，分清好感、喜欢与爱情，真爱具有平等、信任与幸福感的特质。首先，在平等的爱中，双方会把彼此看作独立而完整的人，允许彼此以真实与完整的自我存在。在不平等的爱中，恋人们一般只在乎自己的感受：如被关爱、被呵护、被特别关注、不断满足自己的要求；或者完全没有自我地去满足对方的需求。其次，两个人彼此信任心灵相通，而缺乏信任的爱必然伴随着猜疑、否定等负面情绪。最后，幸福感是存在于两个人内心中长久的情感体验而非短暂的快乐情绪。

2. 表达爱的能力

爱的表达不是"爱你在心口难开"，也不是"你是我一生的唯一"的执着，而是随着情感交往的深入，自然而坦率地表达对对方的爱意，并且这样的表达是对方所期望的。

3. 接受爱的能力

接受爱，意味着在爱情来临之时，我们不能害羞，不能退缩，更不能害怕，而是要坦诚地接受。当爱情来临时，要放下"男性就应该主动追求，女性就应该被动接受"的观念，坦诚、真诚、自然地接受爱，而不是矫情、掩饰、似是而非、优柔寡断。

4. 拒绝爱的能力

前面我们提到过，要勇敢地对不爱说"不"，负责任地接受与拒绝爱都是对他人的尊重。

不喜欢是一种不能回避的事实，拒绝爱时要感谢对方对自己的欣赏，尊重对方的感情，态度要明确、表达要清晰，而不能模棱两可、似非而是。有些人在拒绝爱的时候，虽然言语上拒绝，但行动上仍然与对方有亲密接触，这是一种错误的拒绝爱的方式，很容易使对方产生误解，认为自己还有机会，从而继续纠缠。

5. 呵护爱的能力

对爱呵护是一种综合能力，是人生的艺术；呵护爱是对一个人内在品质的检验，爱是长跑不是短跑，从相识、相知、相爱、相伴到相守，需要经历友情、爱情、亲情和恩情的各种体验。因此，选择恋人只是选择了一种原材料，幸福婚姻是双方用心创造出来的艺术品。

6. 解决冲突的能力

恋爱必然会带来冲突，有时只有误会，没有对错。有效的沟通是解决恋人间冲突的最有效的办法，而争吵、冷战、任性都不利于问题的解决，爱需要双方用建设性的方式解决问题。

7. 发展爱的能力

两个人从相恋到建立稳定的恋爱关系再到走向婚姻，这期间会经历相互了解、认识、理解、冲突、和谐等过程。发展爱的能力，是需要恋爱双方共同努力的。

如何管理爱情账户

世界上没有完美的爱情，完美的爱情只存在于小说中。真爱要等待，还要学会守望，能够用自己的心去等一等，不要太焦急。我们要做的就是在爱情来临之前，先在爱情账户中做好储值，这样当爱情来临之时，我们才有机会获得自己的幸福。

和我们的财务账户一样，在你开通爱情账户并开始储存爱的能力后，我们还需要对账户进行管理与维护。我们可以通过以下方式管理好我们的爱情账户。

1. 爱要适度表达

有时候，我们给予别人的爱可能是负担，是限制，却往往以爱的名义。例如，一个男生对一个女生说："你是我的女朋友，但你整天和其他男生混在一起，你把我放在什么位置了？如果你重视我，你就应该用更多的时间来陪我。"在恋爱中，我们会听到太多这样的抱怨，这种抱怨的背后是什么？可能是一种控制，而比较可怕的是这种控制是以爱的名义表达的，我们往往不会察觉，使我们不能成为我们自己，每个人首先是自己，然后才是自己和别人的关系。

2. 爱要细水长流

我不主张那种非常疯狂的表达爱情的方式。不管是男生还是女生，当对方对爱情非常疯狂的时候，你一定要给自己提个醒。疯狂永远都是短暂的，那么疯狂过后会是什么样子？是双方渐渐变得彼此厌烦，还是你们之间的感情继续浓厚下去？通常而言，厌烦才是结局。所以，细水长流才是对爱情的考验。

3. 爱要匹配

这和电脑一样，再好的 CPU 若与其他零件不匹配，那么这台电脑也不是一台好电脑。这个时候，人要有一种心理学上所说的"感知力"。通过两个人的相处，你能够感知到彼此是否合适。

4. 爱要把握

有时候，爱会在不知不觉中消失，握在手里时，我们往往不知道珍惜，当失去的时候，才知道后悔，也许每个人都有这种问题。希望大家在恋爱时能够向对方多问几个为什么，因为这背后可能潜藏着一些危机。同样，有时候常识是非常重要的，所以，我们恋爱的时候，可能需要向我们的父母、长辈咨询，他们的人生经验和阅历对我们是非常有帮助的。恋爱时要运用你的理性，不要被感情冲昏了头脑，积极寻求深入了解的机会与他人的帮助。

爱情的花朵需要肥沃的土地，贫瘠的土地上永远也孕育不出爱情，所以，我们要给爱情账户储值，了解爱的能力，培养爱的能力，同时要对爱进行管理与维护，才能让我们的爱情更加充满生机。

恋爱风向标

（1）在一段恋爱中，我们需要具备鉴别爱的能力、表达爱的能力、接受爱的能力、拒绝爱的能力、呵护爱的能力、解决爱的冲突的能力、发展爱的能力。

（2）管理我们的爱情账户时，我们需要适度表达彼此之间的爱，避免过于疯狂，要让爱情细水长流，彼此之间的爱需要匹配与把握。

（3）我们在恋爱中需要对爱情账户进行储值并做好管理，才能更好地维护彼此的感情。

第 30 章

辨别真爱的能力与成长的辩证关系

美好的爱情具有神奇的力量，有时候能让人变得有勇气、有目标，能让双方都变得越来越好，促进彼此的成长。其实，每一段感情都是对我们爱别人的方式的检验，如果我们能从恋爱中获得成长，那么这段感情就有它的意义，越成长，我们就越懂得怎么去爱别人。那么，一段美好的爱情能让你获得哪些成长呢？

爱的成长

1. 自我意识的完善

爱情会让我们卸去伪装，引导我们摆脱自私本性的控制，促进自我和伴侣心智的成熟和完善，而不是通过放纵和溺爱使彼此始终在安乐窝中不思进取。因此，恋爱的过程能够让人成长，再自私的两个人，一旦坠入爱河，总会学着为对方而改变，从以自我为中心转向为一个毫无血缘关系的人着想。

2. 情绪智力的提升

爱情与男女双方的情商智商有着密切的联系，是男女双方为寻求最佳结合而产生的感情意识。在爱情中，无论遭受了伤害还是相处和睦，都能帮助我们更懂得自己的内心情感世界。

3. 人格的成长

爱情也许会让你遭遇挫折与逆境，在逆境中可以寻找事情好的方面，也可以寻找不利的方面，在寻找认识这种平衡的时候，人格也会变得健康与和谐。我们要在恋爱中努力学习并提高自己，努力学习如何去尊重与认识对方，而当你把这些都做到之后，你便在收获爱的同时获得了成长。

理解真爱

美好的爱情能促进彼此双方的成长，而获得美好爱情的前提则是理解真爱。真爱是人类高尚的精神体验，不同于其他的情感体验，它是个体独特的心灵历程，更是双方心与心的交流与沟通，只有理解真爱，才能与幸福同行，在爱中成长。理解真爱的前提是要分辨出爱情的误区。

按照弗洛姆的说法。爱情有三个误区。

第一，被爱而非施爱。 这种观点否认爱即是爱的能力，问题转变为，如何获得爱及如何变得可爱。为达到这个目的，男性追名逐利，女性为悦己者容，"撒娇女人最好命""成功男士万人争"。爱似乎变成了某种具有客观性的东西，达到了这些"公认的标准"，就会收获爱情。

第二，对象决定论。 很多人认为在爱这件事上一无可学，他们认为爱的问题是一个对象问题，而不是能力问题。他们认为爱本身十分简单，困难在于找到爱的对象或被爱的对象。于是谈恋爱就转化为依据条件"找对象"。

第三，感觉而非真爱。 这主要是分不清"坠入情网"（falling in love）与"长久相爱"（being in love）之间的区别。一想到爱就一定是激情四射、"山无棱天地合"。人们用相互迷恋、如醉如痴来证明其爱情的真实，但这恰好证明他们此前是何等的孤寂空虚。

基于此，本书认为真爱应该具有以下要素。

1. 爱是给予，不是得到

爱情是对生命以及我们所爱事物的积极关心，意味着将自己最宝贵的东西给对方，给予对方自己的生命活力。为对方着想，体贴对方，与对方分享快乐、知识等。因此，爱的本质是给予，通过"给"，体验自己的力量，升华自己的生命。

2. 爱是责任，不是义务

不成熟的爱情是"我爱，因为我被人爱"，成熟的爱情是"我被人爱，因为我爱人"；不成熟的爱是"我爱你，因为我需要你"，成熟的爱是"我需要你，因为我爱你"。缺乏责任感的爱情没有坚实的土壤，不可能枝繁叶茂。爱情不是感情冲动，它必须接受自我约束，肩负着道德责任。

3. 爱是尊重，不是束缚

真诚的爱是建立在双方平等与理解基础之上的尊重。尊重就是努力使对方成长并提升自己，既非剥夺，也非牺牲。

4. 爱是能力，不是天分

这世上没有所谓"完美的爱情"，有的只是"完整的爱情"。构成"完整的爱情"的心理基础是双方健康的"心智"及"自我"，并且需要双方在检视中不断地完善。

5. 爱是伟大的创造

弗洛姆认为，创造性的爱是让现代人超越自我中心，回到充分诞生状态的最佳途径。在爱情中遇到的种种挑战，其实是自我成长的机会，当我们意识到自己的情感时就意味着对日常生活有了忠实的体验，这些体验又可以让我们的情感得以升华。我们实际上是用自己的日常生活经验去培育和增强我们的爱。

马斯洛曾提出两种类型的爱：一种是 D 型爱，它以缺失为基础，需要这种爱去满足缺乏它们时产生的空虚，这是一种自私的爱，关注的是获得，而不是给予；另一种是 B 型爱，是一种无私的爱，以成长需要为基础，是丰富的、愉快的，和其他人一起成长，这是更为成熟的爱。

我祝福正在恋爱中的你可以成为一个更无私、更成熟的爱人者，不肆意盲目，也不妄自菲薄，理解真爱，学会在爱情中成长，发现更好的自己。

恋爱风向标

（*1*）爱情能够带给我们成长，一段美好的爱情能够促进恋爱双方自我意识的完善、情绪智力的提升以及人格的成长。

（*2*）获得美好爱情的前提是避免误区，理解真爱。真爱应该具有以下要素：爱是给予，不是得到；爱是责任，不是义务；爱是尊重，不是束缚；爱是能力，不是天分；爱是伟大的创造。我们可以以此为基础来分析自己的爱情是否是"真爱"。

第 31 章

爱与婚姻

很多人都觉得爱情是婚姻的前提，婚姻是爱情的结局。但是，爱情与婚姻其实是两个不同的概念，周国平曾说过，"爱情是精神生活，遵循理想原则。婚姻是社会生活，遵循现实原则。"爱情里充满了山盟海誓、浪漫幻想，来时轰轰烈烈，它的一切都是美好的，都是令人向往的。而婚姻则是柴米油盐，是平淡的，充斥着烦琐小事，迈着细水长流的步调。那么，爱情与婚姻的区别是什么呢?

爱情与婚姻的区别

和大家分享这样一个寓意颇深的传说。

相传，有一天，柏拉图问老师苏格拉底什么是爱情？老师就让他去麦田摘一棵全麦田里最大最金黄的麦穗来，并且只能摘一次，只可向前走，不能回头。柏拉图按照老师说的去做了。结果他两手空空地走出了麦田。老师问他为什么摘不到？他说："因为只能摘一次，又不能走回头路，期间即使见到了又大又金黄的麦穗，却也因为不知前面是否有更好的，所以没有摘；继续往前走时，又发现总不及之前见到的好，原来最大最金黄的麦穗早已错过了；于是我什么也没摘。"老师说："这就是爱情。"

这就说明了，在面对爱情的时候，我们总是想寻找最好的，找一个自己最爱的、最适合自己的人，但是很容易错过。爱情是什么？爱情可遇不可求，爱情是一种理想，也许现实中根本就没有或者极少，什么是爱情，很多人可能一生都不知道。每个人都有自己理想的对象，有的人寻寻觅觅终其一生都没有找到，最后只能孤身一人，这是对爱情的执着。

之后又有一天，柏拉图问他的老师什么是婚姻，他的老师就叫他先到树林里，砍下一棵全树林最大、最茂盛、最适合放在家中的树，同样只能砍一次，同样只可以向前走，不能回头。柏拉图于是照着老师的话去做。这次，他带了一棵普普通通，不是很茂盛，亦不算太差的树回来。老师问他，怎么带这棵普普通通的树回来，他说："有了上一次的经验，当我走到大半路程还两手空空时，看到这棵树也不太差，便砍下来，免得错过了，最后又什么也带不回来。"老师说："这就是婚姻！"

现实中有很多人迫于年龄的增长、父母的要求、世俗的压力找到一个差不多的人就结婚了，所以结婚的对象通常不是人们心中最理想的对象。而在婚后的某一天，你可能会突然碰到你苦苦追寻的对象，但在你拥有后却又觉得原来不过如此。其实，美好的东西也会凋谢、褪色。

爱情与婚姻的关系

爱情是婚姻的要素

爱情、性爱、责任、经济条件以及心理相容是婚姻的要素，而爱情则是婚姻中最重要的要素。没有爱情的婚姻是不幸的，是没有经过发展和成长的。恩格斯在《家庭、私有制和国家的起源》中表示："如果以为只有以爱情为基础的婚姻才是道德的，那么也只有继续保持爱情的婚姻才是道德的。"

婚姻中的爱情大多是平和的陪伴式的爱。终其一生保持炙热的爱情的婚姻是极少数的，因此我们需要不断维持、激发、修复彼此的爱情，这也是婚姻的必修课。

婚姻是承担责任的爱情

人们常说"婚姻是神圣的",神圣是因为它承担的责任。婚姻里,责任与爱一样重要。在爱情里,你的恋人可能只有一个角色,给予爱就够了。但婚姻里,你的爱人不仅仅是爱人,他/她还必须充当其他角色,因此夫妻双方的责任包括很多,对伴侣的关心,对孩子的教育,对老人的赡养。作为一个男人,有时他必须像父亲一样疼你、关心你;有时他必须像知己一样能读懂你,了解你的内心;有时他必须像儿子一样调皮可爱,给你带来纯真的快乐。女人也一样,除了做老婆,有时还应该像红颜,有时应该像妈妈,有时应该像女儿。

婚姻是需要经济支持的爱情

婚姻不仅是爱情的延续,也是生活的延续。没有生活,爱情只是一种虚无,经济状况会影响夫妻双方的主观幸福感。当然也不是钱越多、经济条件越好,婚姻就会越幸福。这是受经济收入的绝对量、主观感受和支出方式影响的。

一幅漫画曾这样描述:"我们并没有失去爱的感觉,只是被一大堆的账单和家务埋没了。"有时变得枯燥的婚姻并不是没有了爱情,而是被物质生活埋没了。正所谓爱是精神,经济是物质。物质条件与精神条件是不可分割的。物质条件是基础,人生活在社会上离不开物质,没有经济基础,再深的爱也会渐渐磨损消失。

心理相容是爱与婚姻的润滑剂

心理相容主要是指双方的价值观、人生观、个性特点和处世方式等方面的和谐一致。"相爱容易相处难"是很多人的强烈体会。确实，有的婚姻并不是双方不爱、不负责、不愿意和对方生活在一起，而是在朝夕相处的过程中，日积月累了各种各样的矛盾，但最终会威胁动摇婚姻的根基。因此，心理相容是婚姻美满的一个重要前提。

爱情与婚姻既有区别又联系紧密。爱情的美好、婚姻的实在都是我们人生中不可或缺的。有人说，婚姻是爱情的坟墓，迈入婚姻就会将爱情终止，爱情的激情都会被婚姻的平淡所掩埋。其实，换个角度思考，婚姻又何尝不是爱情的延续，尽管生活很平静，婚姻中的两个人却因对方而更爱生活中的一切。

祝福正在看本书的你拥有一段充满爱的婚姻。

恋爱风向标

（*1*）爱情与婚姻是不同的两个概念，在面对爱情的时候，我们总是想寻找到一个最好的、自己最爱的、最适合自己的人，而面对婚姻时，时机可能更重要。

（*2*）爱情是婚姻的要素，而婚姻则是需要承担责任的爱情，是需要用经济基础来支持的爱情。心理相容是爱情与婚姻的润滑剂。

（*3*）恋爱中的双方要正确看待爱情与婚姻，在爱情中收获成长，在婚姻中延续爱情。

好书推荐

基本信息

书名：《幸福的科学：积极心理学在教育中的应用》

作者：曾 光　赵昱鲲　等

定价：65.00 元

书号：978- 7- 115- 47879- 5

出版社：人民邮电出版社

出版日期：2018 年 4 月

推荐理由

★ 清华大学积极心理学研究中心推荐读物。

★ 近百位教育者联合推荐。

★ 中国积极心理学领军人彭凯平、清华大学心理学系咨询心理学教授樊富珉、北京大学学生心理健康教育与咨询中心主任刘海骅推荐作序。

★ 清华大学积极心理学研究中心 5 年实践，全国近百所中小学超 15 000 课时验证的积极教育方案。

作者简介

曾 光

◎ 清华大学-美国加州伯克利大学联合培养在读博士，国际积极教育联盟中国区特别代表。美国宾夕法尼亚大学积极心理学应用硕士，清华大学积极心理学中心积极教育课题组组长。国家教育部"十二五"教育研究课题积极教育子课题负责人。

赵昱鲲

◎ 清华大学积极心理学研究中心办公室主任，国际积极心理学协会驻华代表，美国《积极心理学日报》专栏作家。清华大学-美国加州伯克利大学联合培养博士，宾夕法尼亚大学应用积极心理学硕士。

编辑电话：010-81055646　　读者热线：010-81055656　81055657

普华精品课程推荐

心理治愈类
PSYCHOLOGICAL HEAL

推荐理由

Recommend reasons

▶ 手把手教你在短期内迅速有效地缓解焦虑症状

▶ 帮助你改变导致焦虑问题的不良认知，拥有一个少有焦虑和过度忧虑的人生

推荐理由

Recommend reasons

▶ 充满希望和治愈的能量，告诉你如何正确认识抑郁症，选择适合自己的疗法成长的力量

▶ 培养你从抑郁中快速恢复的能力，帮助你获得持续性的改变，从而完成生命的重建

推荐理由

Recommend reasons

▶ 探析强迫性思维的运行机制，解密能使我们脱离无限思维循环的有效途径

▶ 采用了非传统视角来看待我们处理不想要的想法的方式，并将这些心理过程与情绪波动、成瘾物和日常活动联系起来。

自我管理类
SELF MANAGEMENT

推荐理由

Recommend reasons

▶ 告诉你如何拥有超越成功、终身成长的七种重要思维模式

▶ 帮助你解密真正的潜力，聚焦于自己的优势，展现最好的自己

推荐理由

Recommend reasons

▶ 探寻情绪密码，从情商的角度解读情商的日常应用

▶ 教你正确地识别、评价和表达自己的情绪，做情绪的主人

小鹅通精品课　　喜马拉雅电台

扫码听课